NEJLEPŠÍ TUŇÁKOVÉ SALÁTY

Pozvedněte své chutě se 100 výjimečnými kreacemi tuňákového salátu

Radim Lukeš

Materiál chráněný autorským právem ©2024

Všechna práva vyhrazena

Žádná část této knihy nesmí být použita nebo přenášena v jakékoli formě nebo jakýmikoli prostředky bez řádného písemného souhlasu vydavatele a vlastníka autorských práv, s výjimkou krátkých citací použitých v recenzi. Tato kniha by neměla být považována za náhradu lékařských, právních nebo jiných odborných rad.

OBSAH

- OBSAH 3
- ÚVOD 6
- **TUŇÁKOVÉ SALÁTOVÉ KOUSTY A SENDVIČE** 7
  - 1. SUŠENÝMI RAJČATY A TUŇÁKEM 8
  - 2. TUŇÁKOVÝ SALÁT NA SUŠENKÁCH 10
  - 3. SENDVIČE S TUŇÁKOVÝM SALÁTEM S OKURKOU 12
  - 4. AVOKÁDOVÝ TUŇÁKOVÝ SALÁT V MINI PITA KAPSIČKÁCH 15
  - 5. SALÁT S TUŇÁKEM, SALÁTOVÉ ZÁBALY 17
  - 6. SALÁT S UZENÝM TUŇÁKEM Z CIZRNY 19
  - 7. CHUTNÁ JAKO SENDVIČE S TUŇÁKOVÝM SALÁTEM 21
  - 8. LODĚ NA TUŇÁKOVÝ SALÁT 23
  - 9. SENDVIČ S TUŇÁKEM A OLIVAMI 25
  - 10. SALÁT Z MUŠLÍ S TUŇÁKEM 27
- **TUŇÁKOVÉ SALÁTOVÉ MÍSY** 29
  - 11. TUŇÁKOVÁ MISKA NA SUSHI S MANGEM 30
  - 12. KAISEN (ČERSTVÉ SASHIMI NA MISCE RÝŽE) 32
  - 13. TUŇÁK S AVOKÁDEM SUSHI MISKA 34
  - 14. PIKANTNÍ TUŇÁKOVÁ SUSHI MÍSA 37
  - 15. DECONSTRUCTED PIKANTNÍ TUŇÁK SUSHI MÍSA 39
  - 16. SUSHI BOWL S PEČENÝM TUŇÁKEM S 41
  - 17. MISKA NA PIKANTNÍ TUŇÁK A ŘEDKVIČKY NA SUSHI .. 43
  - 18. SUSHI MÍSA S TUŇÁKEM A MELOUNEM 45
- **AHI TUŇÁKOVÉ SALÁTY** 47
  - 19. AHI SALÁT S TUŇÁKEM 48
  - 20. AHI TUŇÁK TATAKI SALÁT S CITRONOVÝM WASABI DRESINKEM 50
  - 21. NÁDHERNÝ VRSTVENÝ TUŇÁKOVÝ SALÁT 52
- **SALÁT S TUŇÁKEM MODRÝM** 54
  - 22. SALÁT S PEČENÝM TUŇÁKEM NIÇOISE 55
  - 23. TUŇÁK OBECNÝ S OLIVAMI A KORIANDREM 57
  - 24. STŘEDOMOŘSKÝ SALÁT Z TUŇÁKA OBECNÉHO 59
- **STEAKOVÝ SALÁT Z TUŇÁKU** 61
  - 25. DEKONSTRUOVANÝ SALÁT NICOISE 62
  - 26. SALÁT S TUŇÁKEM A BÍLÝMI FAZOLEMI 64
  - 27. GRILOVANÝ TUŇÁKOVÝ SALÁT Z ESTRAGONU 67
  - 28. SALÁT S GRILOVANÝM TUŇÁKEM NICOISE 69
  - 29. LISTOVÝ SALÁT A GRILOVANÝ TUŇÁK SALÁT 71
  - 30. STEAKY Z TUŇÁKA NA PEPŘI SE SALÁTEM NA KOREJSKÝ ZPŮSOB 73
  - 31. SALÁT S PEČENÝM ČERSTVÝM TUŇÁKEM 75
- **SALÁTY S TUŇÁKEM ALBACORE Z KONZERVA** 78
  - 32. ALBACORE BANÁN ANANASOVÝ SALÁT 79

33. Těstovinový salát Albacore 81
34. Salát s tuňákovými nudlemi 83
35. Chow Mein tuňákový salát 85
36. Mostaccioli salát Nicoise 87
37. Prstencové nudle a Pimento tuňákový salát 89
38. Salát s tuňákem 91
39. Makaronový salát s tuňákem 93
40. Salát s tuňákem z nahého sněhu 95
41. Neptunský salát 97
42. Smetanový salát s tuňákem a paprikou 99
43. Tuňákový salát Olio Di Oliva 101
44. Tortellini salát s tuňákem 103
45. Salát s tuňákem v centru města 105

OSTATNÍ SALÁTY TUŇÁKOVÉ Z KONZERVY 107

46. Salát ze sušených rajčat a tuňáka 108
47. Italský salát s tuňákem 110
48. Asijský salát s tuňákem 112
49. Římský salát s tuňákem 114
50. Nízkosacharidový předkrm tuňákový salát 116
51. Příprava tuňákového salátu 118
52. Salát s kiwi a tuňákem 120
53. Předkrmový salát s tuňákem 122
54. Salát s artyčoky a zralými olivami 124
55. Kruhový makaronový salát s tuňákem 126
56. Avokádový salát s tuňákem 128
57. Barcelonský rýžový salát s tuňákem 130
58. Studený těstovinový salát s tuňákem a motýlkem 132
59. Salát s černými fazolemi 134
60. Salát Hnědá Rýže A Tuňák 136
61. Cizrnový tuňákový salát 138
62. Nakrájený salát s tuňákem 140
63. Klasický salát Nicoise s tuňákem 142
64. Kuskus Salát z cizrny a tuňáka 144
65. Salát s tuňákem, ananasem a mandarinkou 146
66. Čerstvý Tuňák A Olivový Salát 148
67. Tuňák Avokádo Houba A Mango Salát 150
68. Řecký řepa A Bramborový Salát 152
69. Tuňákový salát v řeckém stylu 154
70. Makaronový salát na havajský styl 156
71. Zdravý brokolicový salát s tuňákem 158
72. Míchaný salát z fazolí a tuňáka 160
73. Italská předkrmová salátová mísa 162
74. Japonský salát s tuňákem Harusume 164
75. Salát z tuňáka a sardel Nicoise 166

76. Zbylý Mac salát k obědu s tuňákem 168
77. Salát z vařených vajec a tuňáka 170
78. Středomořský salát s tuňákem a předkrmem 172
79. Středomořský salát s tuňákem 174
80. Naložený salát Nicoise 176
81. Salát s jablky, brusinkami a tuňákem 178
82. Těstovinový Salát S Grilovaným Tuňákem A Rajčaty 180
83. Penne Salát Se Třemi Bylinkami, Kapary A Tuňákem 182
84. Salát z fazolí, hnědé rýže a tuňáka 184
85. Bramborový Salát S Tuňákem 186
86. Staromódní tuňákový salát 188
87. Rýžový salát s artyčoky, hráškem a tuňákem 190
88. Sladký N ořechový salát s tuňákem 192
89. Mac salát s tuňákem 194
90. Tangy N Tart tuňákový salát 196
91. Nízkotučný italský salát s tuňákem 198
92. Tuňákový špenátový salát 200
93. Těstovinový salát s tuňákem a pepřem 202
94. Tuňákový jablečný salát 204
95. Tuňák Avokádo A 4 Fazolové Těstovinový Salát 206
96. Salát s tuňákem Orzo 208
97. Tuňák Rajčatový A Avokádový Salát 210
98. Tuňákový waldorfský salát s jablkem 212
99. Salát z Tuňáka A Cizrny S Pesto 214
100. Ziti tuňákový salát 216

ZÁVĚR 218

ÚVOD

Vítejte v „NEJLEPŠÍ TUŇÁKOVÉ SALÁTY", kompilaci 100 výjimečných výtvorů navržených tak, aby pozvedly vaše chutě a nově definovaly klasický tuňákový salát. Tato kuchařka je vaším průvodcem objevováním všestrannosti, chutí a kreativity, které lze vložit do tohoto oblíbeného jídla. Vydejte se s námi na kulinářskou cestu, která přesahuje všednost a proměňte tuňákový salát v nevšední a slastný zážitek.

Představte si svět, kde se salát z tuňáka stane plátnem pro kulinářské umění, s rozmanitou řadou ingrediencí , textur a chutí, které máte k dispozici. "NEJLEPŠÍ TUŇÁKOVÉ SALÁTY" není jen sbírka receptů; je to průzkum možností, které nastanou, když zkombinujete vysoce kvalitního tuňáka s inovativními přísadami. Ať už jste milovník tuňákového salátu nebo někdo, kdo chce přetvořit toto klasické jídlo, tyto recepty jsou vytvořeny tak, aby inspirovaly kreativitu a uspokojily vaše kulinářské chutě.

Od pikantních středomořských zvratů po pochoutky inspirované Asií a od vydatných proteinových mís po osvěžující letní pocity, každý recept je oslavou rozmanitých způsobů, jak lze tuňákový salát znovu objevit. Ať už plánujete lehký oběd, živou večeři nebo prostě hledáte uspokojivou svačinu, tato kuchařka je vaším oblíbeným zdrojem, jak pozvednout tuňákový salát do nových výšin.

Přidejte se k nám, když nově definujeme hranice tuňákového salátu, kde každý výtvor je důkazem nekonečných možností a lahodných kombinací, které čekají ve vaší kuchyni. Tak si posbírejte čerstvé ingredience , zapojte svou kreativitu a pojďme se pustit do kulinářského dobrodružství prostřednictvím „NEJLEPŠÍ TUŇÁKOVÉ SALÁTY".

TUŇÁKOVÉ SALÁTOVÉ KOUSTY A SENDVIČE

1.sušenými rajčaty a tuňákem

SLOŽENÍ:
- 2 krajíce chleba
- 1 konzerva tuňáka, okapaná
- 2 lžíce nakrájených sušených rajčat
- 1 lžíce majonézy
- 1 lžička dijonské hořčice
- Sůl a pepř na dochucení

INSTRUKCE:
a) V malé misce smíchejte tuňáka, majonézu, dijonskou hořčici, sůl a pepř.
b) Na jeden krajíc chleba přidejte sušená rajčata.
c) Směs s tuňákem rozetřeme na sušená rajčata.
d) Navrch dejte druhý krajíc chleba.

2.Tuňákový salát na sušenkách

SLOŽENÍ:
- 7 uncí plechovka tuňáka
- 3 lžíce řepkového oleje
- ¼ šálku vodních kaštanů, nakrájených
- 1 1/2 lžíce červené cibule, jemně nakrájené
- 1/2 lžičky citronového pepře
- 1/4 lžičky sušené koprové plevele
- 16 sušenek
- 2 zelené listy salátu, natrhané
- Čerstvý kopr, na ozdobu

INSTRUKCE:
a) Tuňáka dejte do mixovací nádoby a rozmačkejte na požadované kousky.
b) Přidejte majonézu, kaštany, cibuli, citronový pepř a kopr a míchejte, dokud se nespojí.
c) Na každý krekr položte kousek natrhaného salátu a na něj dejte 1 polévkovou lžíci tuňákového salátu.
d) V případě potřeby ozdobte kouskem čerstvého kopru. Sloužit.

3.Sendviče s tuňákovým salátem s okurkou

SLOŽENÍ:
- 2 dlouhé anglické okurky
- 1 lžíce červeného vinného octa
- 1/4 bílého jogurtu
- 1/4 nasekaného kopru
- 1/4 celerových listů
- 1 polévková lžíce extra panenského olivového oleje
- Kóšer sůl
- Čerstvě mletý černý pepř
- 2 plátky jarní cibulky
- 2 lžíce majonézy
- 1 stonek nakrájeného celeru
- 1/2 lžičky citronové kůry
- 2 pětiuncové plechovky světlého tuňáka, okapané
- 1/2 šálku klíčků vojtěšky

INSTRUKCE:
a) Připravte si okurky. Máte dvě možnosti, jak připravit okurky, které na tento tuňákový sendvič použijete místo chleba. Pokud připravujete předkrmové sendviče, měli byste okurku jednoduše oloupat a nakrájet vodorovně na čtvrtpalcové plátky. Tato možnost vám poskytne větší počet menších sendvičů s tuňákem. Alternativně, pokud chcete udělat sendvič s tuňákem ve stylu substyle, můžete okurky podélně rozpůlit. Poté vydlabejte semínka a dužinu, abyste vytvořili malé lodičky, kam dáte tuňákovou směs. Vnitřek trochu propíchejte vidličkou, aby okurka nasála více chuti.

b) Smíchejte vinaigrette. Ve středně velké misce prošlehejte hořčici, ocet, sůl a černý pepř. Poté pomalu zašleháme olivový olej. Nakonec nalijte vinaigrette na okurku.

c) Připravte náplň z tuňáka. Začněte tím, že tuňáka scedíte. Dobře ji opláchněte studenou vodou a poté ji dejte stranou. V malé misce prošlehejte majonézu, jogurt, kopr, celerové listy, jarní cibulku, celer, citronovou kůru, čtvrt lžičky soli a špetku černého pepře. Tuňáka vhoďte do mísy a poté promíchejte, aby se všechny ingredience spojily.

d) Dejte dohromady sendviče. Pokud děláte předkrmovou verzi, položte na každý plátek okurky kopeček směsi tuňáka a poté několik výhonků.
e) Poté přidejte další plátek navrch pro roztomilý malý sendvič.
f) Pokud připravujete sendvič s tuňákem, naplňte okurkové lodičky směsí s tuňákem a poté přidejte klíčky. Navrch přidáme druhou polovinu okurky. Jezte a užívejte si!

4.Avokádový tuňákový salát v mini pita kapsičkách

SLOŽENÍ:
- 1 konzerva tuňáka, okapaná
- 1 zralé avokádo, rozmačkané
- ¼ šálku celeru nakrájeného na kostičky
- ¼ šálku nakrájené červené cibule
- 1 lžíce citronové šťávy
- Sůl a pepř na dochucení
- Mini pita kapsy

INSTRUKCE:
a) V misce smíchejte tuňáka, rozmačkané avokádo, nakrájený celer, nakrájenou červenou cibuli, citronovou šťávu, sůl a pepř.
b) Dobře promíchejte, dokud se všechny ingredience rovnoměrně nespojí.
c) Mini pita kapsy rozřízněte na polovinu, abyste vytvořili kapsy.
d) Naplňte avokádový tuňákový salát do mini pita kapes.
e) Zabalte avokádový salát s tuňákem do mini pita kapsiček v krabičce na oběd.

5. Salát s tuňákem, salátové zábaly

SLOŽENÍ:
- 2 konzervy tuňáka, okapané
- ¼ šálku paleo-friendly majonézy
- 2 lžíce nakrájeného celeru
- 2 lžíce nakrájené červené cibule
- 2 lžičky dijonské hořčice
- Sůl a pepř na dochucení
- Velké listy salátu (např. ledový nebo římský)

INSTRUKCE:
a) V misce smíchejte okapaného tuňáka, paleo-friendly majonézu, nakrájený celer, nakrájenou červenou cibuli a dijonskou hořčici.
b) Dobře promícháme a dochutíme solí a pepřem podle chuti.
c) Listy salátu položte jako zábaly.
d) Naplňte každý list směsí tuňákového salátu.
e) Srolujte listy hlávkového salátu a vytvořte zábaly.

6.Salát s uzeným tuňákem z cizrny

SLOŽENÍ:
TUŇÁK CIZNA:
- 15 oz. vařená cizrna konzervovaná nebo jinak
- 2-3 polévkové lžíce nemléčného bílého jogurtu nebo veganské majonézy
- 2 lžičky dijonské hořčice
- 1/2 lžičky mletého kmínu
- 1/2 lžičky uzené papriky
- 1 polévková lžíce čerstvé citronové šťávy
- 1 řapíkatý celer nakrájený na kostičky
- 2 nakrájené jarní cibulky
- Mořská sůl podle chuti

SESTAVENÍ SANDWICHU:
- 4 kusy žitného chleba nebo naklíčeného pšeničného chleba
- 1 šálek kojeneckého špenátu
- 1 avokádo nakrájené na plátky nebo kostky
- Sůl + pepř

INSTRUKCE:
a) Připravte si cizrnový tuňákový salát
b) V kuchyňském robotu rozdrťte cizrnu, dokud nebude připomínat hrubou, drobivou texturu. Lžící cizrnu vložte do středně velké mísy a přidejte zbytek účinných látek, míchejte, dokud se dobře nespojí. Dochuťte dostatečným množstvím mořské soli podle vlastní chuti.
c) Udělejte si sendvič
d) Na každý krajíc chleba navrstvěte baby špenát; přidejte několik hromad cizrnového tuňákového salátu, rovnoměrně rozprostřete. Navrch dejte plátky avokáda, pár zrnek mořské soli a nově mletý pepř.

7. Chutná jako sendviče s tuňákovým salátem

SLOŽENÍ:
- 1 1/2 šálků vařené nebo 1 (15,5 unce) plechovky cizrny, scezené a propláchnuté
- 2 celerová žebra, mletá
- 1/4 šálku mleté cibule
- 1 lžička kapar, okapaných a nakrájených
- 1 hrnek veganské majonézy
- 2 lžičky čerstvé citronové šťávy
- 1 lžička dijonské hořčice
- 1 lžička řasového prášku
- 4 listy salátu
- 4 plátky zralých rajčat
- Sůl a pepř
- Chléb

INSTRUKCE:
a) Ve střední misce nahrubo rozmačkejte cizrnu. Přidejte celer, cibuli, kapary, 1/2 šálku majonézy, citronovou šťávu, hořčici a kel. Dochuťte solí a pepřem podle chuti. Míchejte, dokud se dobře nespojí. Zakryjte a nechte v chladu alespoň 30 minut, aby se chutě propojily.

b) Až budete připraveni k podávání, potřete zbývající 1/4 šálku majonézy na 1 stranu každého z plátků chleba. Na 4 krajíce chleba navrstvíme salát a rajče a rovnoměrně na ně rozdělíme cizrnovou směs. Na každý sendvič položte zbývající krajíc chleba, majonézovou stranou dolů, překrojte napůl a podávejte.

8. Lodě na tuňákový salát

SLOŽENÍ:
- 6 celých okurků baby kopru nebo 2 velké celé okurky
- 5 uncí kousek bílého tuňáka
- ¼ šálku majonézy
- ¼ šálku nakrájené červené cibule
- 1 lžička cukru nebo medu

INSTRUKCE:

a) Celé kyselé okurky podélně nakrájejte na polovinu od konce ke konci. Lžící nebo odřezávacím nožem vyřízněte nebo vyškrábněte vnitřek každé strany nálevu, abyste se zbylou slupkou z nálevu vytvořili tvar lodičky.

b) Vyškrábané vnitřky nakrájejte a vložte do mixovací nádoby. Pomocí papírové utěrky nasajte přebytečnou šťávu z nakládaných lodiček a nakrájené vnitřní kousky.

c) Tuňáka důkladně sceďte a přidejte do mísy. Stiskněte vidličkou, abyste nasekali velké kusy. Přidejte majonézu, červenou cibuli, nakrájenou okurku a cukr nebo med (volitelně) a dobře promíchejte, abyste vytvořili salát s tuňákem.

d) Do každé lodičky nakládejte tuňákový salát. Vychlaďte a podávejte nebo ihned podávejte.

9.Sendvič s tuňákem a olivami

SLOŽENÍ:
NA TUŇÁKOVÝ SALÁT:
- 1/4 šálku majonézy
- 2 lžíce čerstvé citronové šťávy
- 2 (6 uncí) konzervy světlého tuňáka balené v olivovém oleji, okapané
- 1/2 šálku nakrájené scezené lahvové pečené červené papriky
- 10 Kalamata nebo jiné černé olivy naložené v solném roztoku, vypeckované a nakrájené podélně na proužky
- 1 velké celerové žebro, nakrájené
- 2 lžíce najemno nakrájené červené cibule
- Pepperoncini papričky (scezené a nahrubo nakrájené) - volitelné

NA SANDWICH:
- 1 bageta (20 až 24 palců).
- 2 lžíce olivového oleje
- Zelený listový salát (váš oblíbený)

INSTRUKCE:
UDĚLEJTE TUŇÁKOVÝ SALÁT:
a) Ve velké míse smíchejte majonézu a citronovou šťávu.
b) Přidejte zbývající ingredience na salát a jemně promíchejte. Dochuťte solí a pepřem.

SESTAVTE SENDVIČE:
c) Bagetu nakrájejte na 4 stejné délky a každý díl vodorovně rozpůlte.
d) Řezné strany potřeme olejem a dochutíme solí a pepřem.
e) Připravte si sendviče s bagetou, hlávkovým salátem a tuňákovým salátem.

10. Salát z mušlí s tuňákem

SLOŽENÍ:
- 8 uncí skořápkových makaronů, nevařených
- 1 hrnek nastrouhané mrkve
- 3/4 šálku nakrájeného zeleného pepře
- 2/3 šálku nakrájeného celeru
- 1/2 šálku mleté zelené cibule
- 1 6 1/8 unce konzervy tuňáka ve vodě, okapané a ve vločkách
- 1/4 šálku plus 2 polévkové lžíce nízkotučného bílého jogurtu
- 1/4 šálku nízkokalorické majonézy
- 1/4 lžičky celerového semínka
- 1/4 lžičky soli
- 1/4 lžičky pepře
- Kudrnatý listový salát

INSTRUKCE:
a) Makaróny uvařte podle návodu na obalu, vynechejte sůl a tuk; vypustit. Opláchněte studenou vodou a dobře sceďte.
b) Smíchejte makarony, mrkev a další 4 přísady; jemně házet.
c) Smíchejte jogurt a další 4 přísady; dobře promíchejte. Přidejte do směsi těstovin, jemně promíchejte. Přikryjeme a důkladně vychladíme.
d) Chcete-li podávat, naneste směs těstovin na talíře s hlávkovým salátem.

TUŇÁKOVÉ SALÁTOVÉ MÍSY

11. Tuňáková miska na sushi s mangem

SLOŽENÍ:
- 60 ml sójové omáčky (¼ šálku + 2 polévkové lžíce)
- 30 ml rostlinného oleje (2 polévkové lžíce)
- 15 ml sezamového oleje (1 polévková lžíce)
- 30 ml medu (2 polévkové lžíce)
- 15 ml Sambal Oelek (1 polévková lžíce, viz poznámka)
- 2 lžičky čerstvého strouhaného zázvoru (viz poznámka)
- 3 jarní cibulky, nakrájené na tenké plátky (bílá a zelená část)
- 454 gramů sushi tuňáka ahi (1 libra), nakrájeného na ¼ nebo ½-palcové kousky
- 2 šálky sushi rýže, uvařené podle návodu na obalu (nahraďte jakoukoli jinou rýží nebo zrnem)

VOLITELNÉ POLEVY:
- Nakrájené avokádo
- Nakrájená okurka
- Edamame
- Nakládaný zázvor
- Nakrájené mango
- Bramborové lupínky nebo wontonové lupínky
- sezamová semínka

INSTRUKCE:
a) Ve střední misce prošlehejte sójovou omáčku, rostlinný olej, sezamový olej, med, Sambal Oelek, zázvor a jarní cibulku.
b) Do směsi přidejte na kostičky nakrájeného tuňáka a promíchejte. Směs nechte marinovat v lednici alespoň 15 minut, nebo až 1 hodinu.
c) Chcete-li podávat, naberte sushi rýži do misek, přidejte marinovaného tuňáka a přidejte požadované polevy.
d) K pokapání polevy bude navíc omáčka; podávejte bokem.

12.Kaisen (čerstvé sashimi na misce rýže)

SLOŽENÍ:
- 800 g (5 šálků) ochucené sushi rýže

PLEVA
- 240 g (8½ oz) lososa kvality sashimi
- 160 g (5½ oz) tuňáka kvality sashimi
- 100 g (3½ unce) mořského vlka kvality sashimi
- 100 g (3½ unce) vařených krevet (krevety)
- 4 červené ředkvičky, nakrájené
- 4 listy shiso
- 40 g (1½ unce) lososových jiker

SLOUŽIT
- nakládaný zázvor
- wasabi pasta
- sójová omáčka

INSTRUKCE:
a) Filet z lososa nakrájejte na 16 plátků a tuňáka a mořského vlka na 12 plátků. Ujistěte se, že nakrájíte přes zrno, aby byla ryba křehká.
b) Při podávání rozdělte sushi rýži do čtyř samostatných misek a povrch rýže vyrovnejte. Navrch dejte lososa, tuňáka, mořského vlka a krevety (krevety), naaranžované na překrývající se plátky.
c) Ozdobte nakrájenými červenými ředkvičkami, lístky shiso a lososovými jikrami.
d) Podávejte s nakládaným zázvorem jako čistič patra a wasabi a sójovou omáčkou podle chuti.

13.Tuňák S Avokádem Sushi Miska

SLOŽENÍ:
- 1 avokádo, oloupané a vypeckované
- čerstvě vymačkaná šťáva z 1 limetky
- 800 g (5 šálků) ochucené hnědé sushi rýže
- 1 šalotku nebo červenou cibuli nakrájenou nadrobno a namočenou ve vodě
- hrst míchaných salátových listů
- 2 lžíce šalotkových lupínků (volitelně)

TUŇÁK
- 1 lžíce strouhaného česneku
- 1 lžíce strouhaného zázvoru
- 2 lžíce rostlinného oleje
- 500 g (1 lb 2 oz) steaků z tuňáka sashimi, mořská sůl a čerstvě mletý černý pepř

OBVAZ
- 4 lžíce rýžového octa
- 4 lžíce světlé sójové omáčky
- 4 lžíce mirinu
- 4 lžičky praženého sezamového oleje
- čerstvě vymačkaná šťáva z 1 limetky
- 1 lžička cukru
- špetka soli

INSTRUKCE:
a) Pro přípravu tuňáka smíchejte v malé misce česnek, zázvor a olej. Tu rozetřete na obě strany každého steaku z tuňáka a poté dochuťte solí a pepřem.
b) Rozpalte pánev na rozpálenou pánev a steaky z tuňáka opečte 1 minutu z každé strany, aby byly vzácné.
c) Tuňáka nechte vychladnout a poté ho nakrájejte na 2 cm (¾-in) kostky.
d) Chcete-li připravit dresink, smíchejte všechny ingredience.
e) Avokádo nakrájejte na velké kostky a poté vymačkejte šťávu z limetky, aby dužina nezhnědla.
f) Hnědou rýži na sushi dejte do misek a navrch dejte kostky tuňáka, avokádo, šalotku nebo červenou cibuli a smíchané listy. Těsně před podáváním přelijte zálivku. Navrch dejte hranolky šalotky, pokud používáte, pro extra křupavost.

14. Pikantní tuňáková sushi mísa

SLOŽENÍ:
PRO TUŇÁKA:
- 1/2 libry tuňáka na sushi, nakrájeného na 1/2-palcové kostky
- 1/4 šálku nakrájené cibule
- 2 lžíce sojové omáčky se sníženým obsahem sodíku nebo bezlepkového tamari
- 1 lžička sezamového oleje
- 1/2 lžičky sriracha

PRO PIKANTNÍ MAYO:
- 2 lžíce světlé majonézy
- 2 lžičky omáčky sriracha

PRO MÍSU:
- 1 šálek vařené krátkozrnné tradiční sushi rýže nebo sushi bílé rýže
- 1 šálek okurek, oloupaných a nakrájených na 1/2-palcové kostky
- 1/2 středního avokáda Hass (3 unce), nakrájené na plátky
- 2 jarní cibulky, nakrájené na ozdobu
- 1 lžička černých sezamových semínek
- Sója se sníženým obsahem sodíku nebo bezlepkové tamari, k podávání (volitelné)
- Sriracha, k podávání (volitelné)

INSTRUKCE:
a) V malé misce smíchejte majonézu a sriracha, zřeďte trochou vody, abyste pokapali.
b) Ve střední misce smíchejte tuňáka s jarní cibulkou, sójovou omáčkou, sezamovým olejem a srirachou. Jemně promíchejte, aby se spojily a odložte stranou, zatímco budete připravovat misky.
c) Do dvou misek navrstvěte polovinu rýže, polovinu tuňáka, avokádo, okurku a jarní cibulku.
d) Pokapeme pikantní majonézou a posypeme sezamovými semínky. Podávejte s extra sójovou omáčkou na boku, pokud chcete.
e) Vychutnejte si odvážné a kořeněné chutě této lahodné mísy s pikantním tuňákem!

15. Deconstructed pikantní tuňák sushi mísa

SLOŽENÍ:
- 1 šálek sushi rýže, vařené
- 1/2 šálku pikantního tuňáka, nakrájeného
- 1/4 šálku fazolí edamame, dušené
- 1/4 šálku ředkviček nakrájených na tenké plátky
- Sriracha majonéza na podlévání
- Plátky avokáda na ozdobu
- Sezamová semínka na polevu

INSTRUKCE:
a) Uvařenou sushi rýži rozprostřete do misky.
b) Navrch položte nakrájeného pikantního tuňáka, dušené fazole eidamu a nakrájené ředkvičky.
c) Misku pokapejte majonézou Sriracha.
d) Ozdobte plátky avokáda a posypte sezamovými semínky.
e) Užijte si dekonstruovanou pikantní tuňákovou sushi mísu!

16. Sushi Bowl s pečeným tuňákem s

SLOŽENÍ:
PRO MISKU
- 1 libra Irresistibles pečený tuňák a Tataki
- Sushi rýže

NA MARINÁDU
- ¼ šálku sladké cibule, nakrájené na tenké plátky
- 1 jarní cibulka, nakrájená na šikmé plátky (asi ¼ šálku) plus další na ozdobu
- 2 stroužky česneku, mleté
- 2 lžičky černých sezamových semínek, opečených plus další na ozdobu
- 2 lžičky kešu ořechů (pražených a nesolených), nasekaných a opražených
- 1 nasekaná červená chilli papričká plus další na ozdobu
- 3 lžíce sójové omáčky
- 2 lžíce sezamového oleje
- 2 lžičky rýžového octa
- 1 lžička limetkové šťávy
- 1 polévková lžíce sriracha plus další pro podávání
- ¼ lžičky mořské soli
- ½ lžičky vloček červené papriky (volitelné)

EXTRA MOŽNOSTI OBLOŽENÍ
- Nakrájená okurka
- Nakrájené ředkvičky
- Nakrájené zelí
- Vločky z mořských řas
- Nakrájené avokádo
- Edamame

INSTRUKCE:
a) Smíchejte všechny ingredience na marinádu ve velké míse a přidejte opečené plátky tuňáka a jemně promíchejte, aby se obalily.
b) Přikryjte a dejte na 10-30 minut do chladničky.
c) Vyjměte z lednice a podávejte na lůžku z bílé rýže spolu s oblohou, kterou chcete, a trochou horké omáčky/sriracha na boku.

17. Miska na pikantní tuňák a ředkvičky na sushi

SLOŽENÍ:
- 1 lb tuňáka na sushi, nakrájeného na kostičky
- 2 lžíce gochujang (korejská červená papriková pasta)
- 1 lžíce sójové omáčky
- 1 lžíce sezamového oleje
- 1 lžička rýžového octa
- 1 šálek ředkvičky daikon, julienned
- 1 šálek lupínkového hrášku, nakrájeného na plátky
- 2 šálky Tradiční sushi rýže, vařená
- Zelená cibule na ozdobu

INSTRUKCE:
a) Smíchejte gochujang, sójovou omáčku, sezamový olej a rýžový ocet, abyste vytvořili pikantní omáčku.
b) Nakrájeného tuňáka vhoďte do pikantní omáčky a dejte na 30 minut do lednice.
c) Sestavte misky s rýží Traditional Sushi jako základem.
d) Navrch dejte marinovaný tuňák, ředkvičku daikon julien a nakrájený hrášek.
e) Ozdobte nakrájenou zelenou cibulkou a podávejte.

18. Sushi mísa s tuňákem a melounem

SLOŽENÍ:
- 1 lb tuňáka na sushi, na kostky
- 1/4 šálku kokosových aminokyselin (nebo sójové omáčky)
- 2 lžíce limetkové šťávy
- 1 lžíce sezamového oleje
- 2 šálky melounu, nakrájeného na kostičky
- 1 šálek okurky, nakrájené na plátky
- 2 šálky Tradiční sushi rýže, vařená
- Lístky máty na ozdobu

INSTRUKCE:
a) Na marinádu smíchejte kokosové aminokyseliny, limetkovou šťávu a sezamový olej.
b) Tuňáka vhoďte do marinády a dejte na 30 minut do lednice.
c) Vytvořte misky s vařenou rýží Traditional Sushi jako základem.
d) Navrch dejte marinovaného tuňáka, nakrájený meloun a nakrájenou okurku.
e) Ozdobte lístky čerstvé máty a podávejte.

AHI TUŇÁKOVÉ SALÁTY

19.Ahi salát s tuňákem

SLOŽENÍ:
- 1 ahi steak z tuňáka, 6 uncí
- 2 čajové lžičky prášku z pěti koření
- 1 lžička grilovacího koření nebo soli a hrubého pepře
- Sprej na vaření nebo rostlinný olej
- 5 uncí smíšeného předmytého zeleného salátu
- 2 ředkvičky, nakrájené na plátky
- 1/4 evropské okurky, nakrájené na tenké plátky
- 1/2 lžičky wasabi pasty
- 1 lžíce rýžového octa
- 1 lžíce sójové omáčky
- 3 lžíce panenského olivového oleje
- Sůl a čerstvě mletý černý pepř

INSTRUKCE:
a) Steak z tuňáka potřete práškem z pěti koření a grilovacím kořením.
b) Tuňáka opékejte z každé strany 2 minuty.
c) Smíchejte zeleninu, ředkvičky a okurku v misce.
d) V menší misce rozšlehejte wasabi, ocet a sójovou omáčku; přidejte olej na přípravu dresinku.
e) Salát pokapejte dresinkem a pokapejte.
f) Tuňáka nakrájejte a naaranžujte na salát.

20. Ahi Tuňák Tataki Salát S Citronovým Wasabi Dresinkem

SLOŽENÍ:
LEMON WASABI DRESING:
- 1 malá šalotka, oloupaná a nakrájená na plátky
- 1-2 lžičky připraveného wasabi
- 2 lžíce sójové omáčky
- 2 lžíce čerstvé citronové šťávy
- 1 lžíce mirin
- 2 lžíce rýžového octa
- 1 lžička šťávy yuzu
- Granulovaný cukr, podle chuti
- 4 lžíce řepkového oleje

TUŇÁK:
- 12 uncí čerstvého tuňáka ahi, kvalita sashimi
- 2 lžičky ichimi togarashi (nebo drcených vloček červené papriky)
- 1/2 lžičky růžové himalájské soli
- 1 lžíce řepkového oleje
- 1/2 šálku klíčků ředkve daikon, na ozdobu

SALÁT:
- 4 šálky smíšené baby asijské zelené
- 1 šálek mraženého vyloupaného eidamu, rozmraženého
- 2 lžíce nakládaného zázvoru, julienned
- 1/2 okurky, oloupané, nakrájené na tenké tyčinky
- 1 malé dědictví rajče, nakrájené na malé klínky

INSTRUKCE:
a) Všechny ingredience na zálivku přidejte do mixéru a mixujte do hladka.
b) Porce tuňáka ochutíme togarashi a solí. Tuňáka orestujeme na řepkovém oleji a nakrájíme na stejnoměrné plátky.
c) Zeleninu dejte do mixovací nádoby a lehce dochuťte dresinkem.
d) Salát rozdělte na servírovací talíře, posypte nakládaným zázvorem, eidamem, okurkou a rajčaty.
e) Kolem položte plátky tuňáka a pokapejte dalším dresinkem. Tuňáka ozdobte klíčky daikonu.

21.Nádherný vrstvený tuňákový salát

SLOŽENÍ:
- 2 hodiny chill time
- 1-1/2 lb čerstvé filety z tuňáka ahi, nakrájené na tloušťku 1 palce
- 1 lžíce extra panenského olivového oleje
- 1-1/4 lb malých nových brambor Yukon Gold, nakrájených na tenké plátky
- 6 klasů čerstvé sladké kukuřice
- 1 šálek nasekaného čerstvého koriandru
- 12 zelených cibulí, nakrájených na plátky
- 1 paprička jalapeno, zbavená semínek a nakrájená na plátky
- Limetkový dresink
- 1 středně červená sladká paprika, nakrájená
- Chilli prášek
- Limetkové klínky (volitelné)

LIMETOVÁ DRESINKA:
- 1/3 šálku čerstvé limetkové šťávy
- 1/3 šálku extra panenského olivového oleje
- 1 lžička cukru
- 1/2 lžičky soli

INSTRUKCE:
a) Tuňáka potřete olivovým olejem, posypte solí a pepřem a poté grilujte, dokud nebude hotový.
b) Plátky brambor vařte do měkka. Nakrájejte kukuřici z klasu.
c) V malé misce smíchejte koriandr, zelenou cibulku a jalapeno; přikrýt a vychladit.
d) Limetkový dresink připravíme rozšleháním limetkové šťávy, olivového oleje, cukru a soli.
e) Tuňáka nalámejte na kousky a dejte rovnoměrně do zapékací mísy. Pokapeme limetkovým dresinkem.
f) Přidejte brambory, kukuřici a zbývající dresink. Posypte solí a pepřem.
g) Přikryjte a nechte 2-3 hodiny chladit.

SALÁT S TUŇÁKEM MODRÝM

22.Salát s pečeným tuňákem Niçoise

SLOŽENÍ:
SALÁT
- 225 g malých červených brambor
- 4 velká vejce
- Velká hrst míchaného salátu
- 400 g tuňáka obecného Dinko jižního
- 200 g cherry rajčat
- ½ šálku oliv niçoise
- Sůl a pepř

OBVAZ
- 1/3 šálku olivového oleje
- 1/3 šálku červeného vinného octa
- 1 lžíce dijonské hořčice

INSTRUKCE:
a) Do skleněné nádoby dejte olivový olej, červený vinný ocet a dijonskou hořčici a protřepejte.
b) Vejce dejte do velkého hrnce a zalijte vodou. Jakmile voda dosáhne varu, vypněte hořák a nechte 10-15 minut stát. Vodu z hrnce sceďte, naplňte studenou vodou a nechte uležet.
c) Brambory oloupeme a rozčtvrtíme, dáme do hrnce a zalijeme vodou. Přiveďte k varu, poté snižte teplotu a vařte 12 minut.
d) 4 Rozpalte velkou litinovou pánev na středně vysokou teplotu a poté pánev lehce potřete sprejem na vaření.
e) Steaky z tuňáka jižního Dinko osolte a opepřete a poté vložte tuňáka do pánve. Tuňáka opékejte 2 minuty z každé strany. Odložte stranou a nechte vychladnout.
f) Vyjměte vejce z vody; oloupeme a podélně rozpůlíme.
g) Steaky z tuňáka nakrájejte na tenké plátky.
h) Ve velké míse smíchejte rajčata, olivy, míchaný salát a brambory. Jemně promíchejte.
i) Rozdělte salátovou směs na čtyři talíře; poklademe plátky tuňáka a vejci.
j) Zalijeme dresinkem a podáváme.

23. Tuňák obecný s olivami a koriandrem

SLOŽENÍ:
- 1 lb steak z tuňáka obecného
- 3 okurky Kirby
- 1/2 šálku vypeckovaných smíšených oliv, nakrájených na 1/4-palcové kostky
- 1/4 šálku balených čerstvých listů koriandru
- 2 lžíce čerstvé citronové šťávy plus kolečka citronu na podávání
- 1/4 šálku plus 2 lžíce extra panenského olivového oleje
- Hrubá sůl a čerstvě mletý pepř
- 2 lžíce nesoleného másla

INSTRUKCE:
a) Okurky podélně rozpůlte, vydlabejte a vyhoďte semínka, poté nakrájejte okurky na 1/4palcové kostky.
b) V malé misce smíchejte okurky, olivy, koriandr, citronovou šťávu a 1/4 šálku oleje; dochutíme solí a pepřem. Dát stranou.
c) Steak z tuňáka ochutíme solí a pepřem. Rozpalte velkou, těžkou pánev (nejlépe litinovou) na vysokou teplotu. Přidejte 2 lžíce oleje; když se začne třpytit, přidejte steak z tuňáka. Opékejte 1 minutu, pak otočte a pečte dalších 30 sekund.
d) Přidejte 2 lžíce másla, rozpusťte a vařte ještě 1 minutu. Poznámka: Máme rádi našeho tuňáka vařeného vzácně, pokud dáváte přednost středně vařeného tuňáka, přidejte pár minut k času vaření.
e) Ostrým nožem nakrájíme steak z tuňáka podél sklonu a podáváme přelitý olivovým nádechem.

24.Středomořský salát z tuňáka obecného

SLOŽENÍ:
- 1 lb čerstvého tuňáka obecného, sushi
- 4 šálky míchaného zeleného salátu (rukola, špenát a/nebo řeřicha)
- 1 šálek cherry rajčat, napůl
- 1/2 okurky, nakrájené na plátky
- 1/4 červené cibule, nakrájené na tenké plátky
- 1/4 šálku oliv Kalamata, bez pecek
- 2 lžíce kapary
- 1/4 šálku sýra feta, rozdrobený
- 3 lžíce extra panenského olivového oleje
- 2 lžíce červeného vinného octa
- 1 lžička dijonské hořčice
- Sůl a černý pepř podle chuti

INSTRUKCE:
a) Tuňáka obecného nakrájejte na kostky velikosti sousta.
b) Tuňáka dochutíme solí a pepřem.
c) Rozpalte pánev nebo grilovací pánev na vysokou teplotu.
d) Kostičky tuňáka opékejte 1–2 minuty z každé strany, střed držte řídký.
e) Odstraňte z ohně a před krájením nechte několik minut odpočinout.
f) Ve velké misce smíchejte zelený salát, cherry rajčata, okurku, červenou cibuli, olivy a kapary.
g) V malé misce prošlehejte olivový olej, červený vinný ocet, dijonskou hořčici, sůl a pepř.
h) Do salátu přidejte nakrájeného tuňáka.
i) Zálivkou pokapejte salát a jemně promíchejte, aby se propojil.
j) Navrch posypeme rozdrobeným sýrem feta.
k) Ihned podávejte.

STEAKOVÝ SALÁT Z TUŇÁKU

25. Dekonstruovaný salát Nicoise

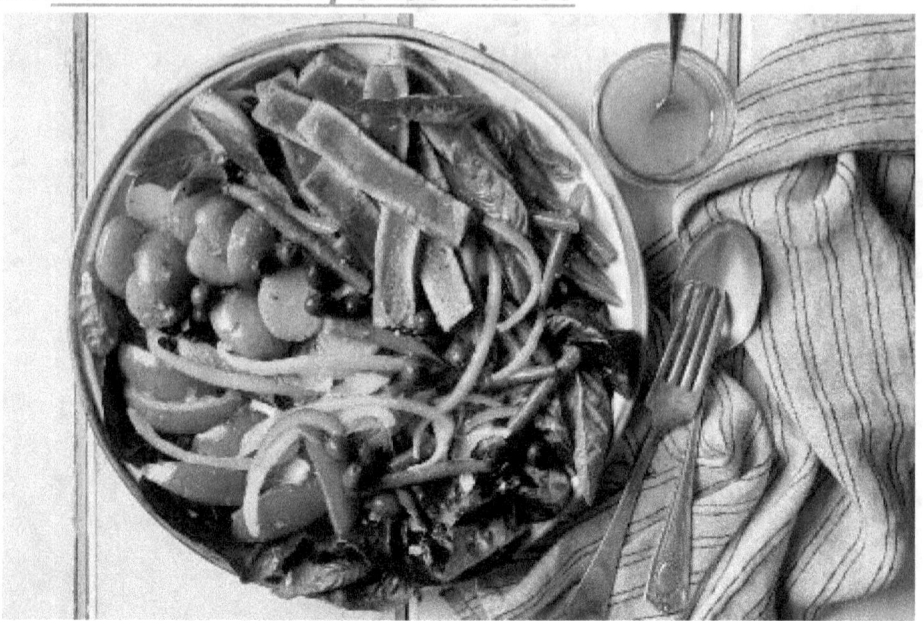

SLOŽENÍ:
- Steaky z tuňáka - jeden na osobu, grilované s olivovým olejem, solí a pepřem
- 2 nové brambory na osobu
- 5-8 fazolí na osobu
- 10 oliv na osobu
- 1 vejce naměkko na osobu
- Sardelová majonéza

INSTRUKCE:
a) Brambory uvaříme a nakrájíme na měsíčky.
b) Vejce uvařená naměkko oloupeme.
c) Blanšírujte fazole.
d) BBQ steaky z tuňáka.
e) Vytvořte a dokončete steaky z tuňáka nahoře.
f) Pokapeme sardelovou majonézou.

26. Salát s tuňákem a bílými fazolemi

SLOŽENÍ:

- 2 (15 uncí) plechovky cannellini nebo velké severní fazole, opláchnuté a okapané
- 3 velká romská rajčata, zbavená semínek a nakrájená (asi 1 1/2 šálku)
- 1/2 šálku nakrájeného fenyklu, listové nať si vyhraďte
- 1/3 šálku nakrájené červené cibule
- 1/3 šálku oranžové nebo červené papriky
- 1 polévková lžíce nakrájených fenyklových listů
- 1/4 šálku extra panenského olivového oleje (EVOO)
- 3 lžíce bílého vinného octa
- 2 lžíce citronové šťávy
- 1/4 lžičky soli
- 1/4 lžičky pepře
- 1 (6 uncí) steak z tuňáka, nakrájený na tlouštku 1 palce
- Sůl
- Mletý černý pepř
- 1 polévková lžíce EVOO
- 2 šálky natrhaných zeleninových salátů
- Listový fenyklový vrchol

INSTRUKCE:

Na salát:

a) Ve velké míse smíchejte fazole, rajčata, nakrájený fenykl, červenou cibuli, sladkou papriku a nakrájené fenyklové natě; dát stranou.

b) Pro Vinaigrette:

c) V nádobě se šroubovacím uzávěrem smíchejte 1/4 šálku EVOO, ocet, citronovou šťávu, 1/4 lžičky soli a pepře. Zakryjte a dobře protřepejte.

d) Fazolovou směs přelijte dresinkem; jemně přehodit do kabátu. Nechte stát 30 minut při pokojové teplotě.

Pro tuňáka:

e) Posypte tuňáka, pokud používáte čerstvého, solí a pepřem; zahřejte 1 polévkovou lžíci EVOO na středně vysokou.

f) Přidejte tuňáka a vařte 8 až 12 minut, nebo dokud se ryba nebude snadno loupat vidličkou, jednou otočte. Nalámejte tuňáka na kousky.

g) Přidejte tuňáka do směsi fazolí; hodit kombinovat.

h) Sloužit:

i) Servírovací talíř vyložte zeleninovým salátem, lžící přidejte fazolovou směs na zeleninu.

j) V případě potřeby ozdobte dalšími fenyklovými natěmi.

27. Grilovaný tuňákový salát z estragonu

SLOŽENÍ:
- 1/2 šálku světlého vinaigrette nebo zálivky na italský salát
- 1 lžička čerstvý strouhaný estragon
- 4 (6 uncí každý) steaky z čerstvého tuňáka, nakrájené na tloušťku 1/2 palce až 3/4 palce
- 8 šálků (8 uncí) zeleného salátu
- 1 šálek rajčat (slza, hroznové víno nebo třešeň)
- 1/2 šálku proužků žluté papriky
- 1-3/4 šálku (7 oz.) strouhané mozzarelly a sýra Asiago s pečeným česnekem, rozdělené

INSTRUKCE:
a) Smíchejte salátový dresink a estragon. Na steaky z tuňáka nalijte 2 lžíce dresinku.
b) Tuňáka grilujte na středně vysokém uhlí 2 minuty z každé strany nebo dokud není zvenku opečený, ale uprostřed stále velmi růžový. Vyvarujte se převaření, abyste předešli ztuhnutí.
c) Ve velké misce smíchejte zeleninový salát, rajčata, proužky papriky a 1 šálek sýra.
d) Přidejte zbývající zálivkovou směs; hodit dobře.
e) Přendejte na servírovací talíře, poklaďte tuňákem a posypte zbylým sýrem. Podávejte s pepřem.

28. Salát s grilovaným tuňákem Nicoise

SLOŽENÍ:
- 2 lžíce šampaňského octa
- 1 lžíce nasekaného estragonu
- 1 lžička dijonské hořčice
- 1 malá šalotka, nakrájená nadrobno
- 1/2 lžičky jemné mořské soli
- 1/4 lžičky mletého černého pepře
- 1/4 šálku olivového oleje
- 1 (1-libra) čerstvý nebo zmrazený a rozmražený steak z tuňáka
- Olivový olej ve spreji na vaření
- 1 1/2 libry malých nových brambor, uvařených do měkka a vychladlých
- 1/2 libry zelených fazolí, nakrájených, uvařených do měkka a vychladlých
- 1 šálek rozpůlených cherry rajčat
- 1/2 šálku vypeckovaných oliv Nicoise
- 1/2 šálku na tenké plátky nakrájené červené cibule
- 1 vejce natvrdo, oloupané a nakrájené na měsíčky (volitelně)

INSTRUKCE:
a) Smíchejte ocet, estragon, dijon, šalotku, sůl a pepř. Pomalu zašlehávejte olivový olej, abyste vytvořili vinaigrette.
b) Steaky z tuňáka pokapejte 2 lžícemi vinaigrette, přikryjte a nechte 30 minut chladit.
c) Postříkejte gril sprejem na vaření a předehřejte na střední teplotu. Tuňáka grilujte, dokud nebude uvařený na požadovanou propečenost (5 až 7 minut z každé strany).
d) Tuňáka nakrájejte na velké kousky. Na velký talíř naaranžujte tuňáka, brambory, zelené fazolky, rajčata, olivy, cibuli a vejce. Podávejte se zbývajícím vinaigrettem na boku.

29.Listový Salát A Grilovaný Tuňák Salát

SLOŽENÍ:
LIMETOVÝ VINAIGRETE:
- 6 lžic limetkové šťávy
- 1,5 lžíce bílého vinného octa
- 3 lžíce olivového oleje
- 2 lžíce sójové omáčky se sníženým obsahem sodíku
- Sůl a čerstvě mletý černý pepř

TUŇÁK:
- 4 steaky z tuňáka (4 až 5 oz každý)
- Nepřilnavý sprej na vaření

ZELENÝ SALÁT:
- 8 šálků směsi Bibb a římského salátu
- 6 velkých žampionů (nakrájených na plátky)
- 1/4 šálku nakrájené cibule
- 1 velké rajče (klínované)
- 1 plechovka černých fazolí (propláchnuté a okapané, studené)

INSTRUKCE:
a) Sojovo-limetkový vinaigrette připravíme rozšleháním limetkové šťávy, octa, olivového oleje, sójové omáčky, soli a pepře.
b) Postříkejte grilovací rošt nepřilnavým sprejem na vaření a předehřejte na středně vysokou teplotu. Tuňáka dochutíme solí a pepřem.
c) Tuňáka grilujte 4–5 minut z každé strany. Tuňáka nakrájejte na proužky.
d) V misce smíchejte tuňáka, houby, jarní cibulku a další zeleninu s polovinou vinaigrette.
e) V samostatné salátové misce promíchejte salát se zbývajícím vinaigrettem. Navrch naaranžujte směs tuňáka a zeleniny.
f) Volitelné: Navrch posypte nasekaným koriandrem. Tento salát je podobný jako Black-eyed Pea podávaný něco takového.

30. Steaky z tuňáka na pepři se salátem na korejský způsob

SLOŽENÍ:
SALÁT V KOREJSKÉM STYLU:
- 1/2 šálku nakrájeného zelí napa
- 1/4 šálku čerstvých fazolových klíčků
- 1 okurka, oloupaná, zbavená semínek a nakrájená na tenké plátky
- 1/4 šálku sójové omáčky
- 1/4 šálku rýžového octa
- 1 lžíce mletého zázvoru
- 1 lžíce mletého česneku
- 1 čerstvá chilli paprička dle vlastního výběru, mletá
- 2 lžíce krystalového cukru
- 2 lžíce nahrubo nasekané čerstvé bazalky
- Sůl a pepř na dochucení

TUŇÁK:
- 4 čerstvé steaky z tuňáka
- 1/4 šálku hrubě mletého pepře
- 1/2 lžičky košer soli

INSTRUKCE:
a) Ve střední misce smíchejte zelí, fazolové klíčky a okurku.

b) Smíchejte sójovou omáčku, ocet, zázvor, česnek, chilli papričku, cukr, bazalku, sůl a pepř. Dobře prošlehejte a poté přidejte do kapustové směsi jen tolik, aby zvlhla. Dobře promícháme, přikryjeme a dáme vychladit.

c) Předehřejte brojlery na vysokou teplotu. Tuňáka celého potřeme mletým pepřem a posypeme solí.

d) Umístěte na lehce vymaštěnou brojlerovou pánev a opékejte, dokud nebude hotové podle vašich představ, asi 6 minut z každé strany.

e) Salát rozdělte na 4 talíře, na každý položte steak z tuňáka a podávejte najednou.

31.Salát s pečeným čerstvým tuňákem

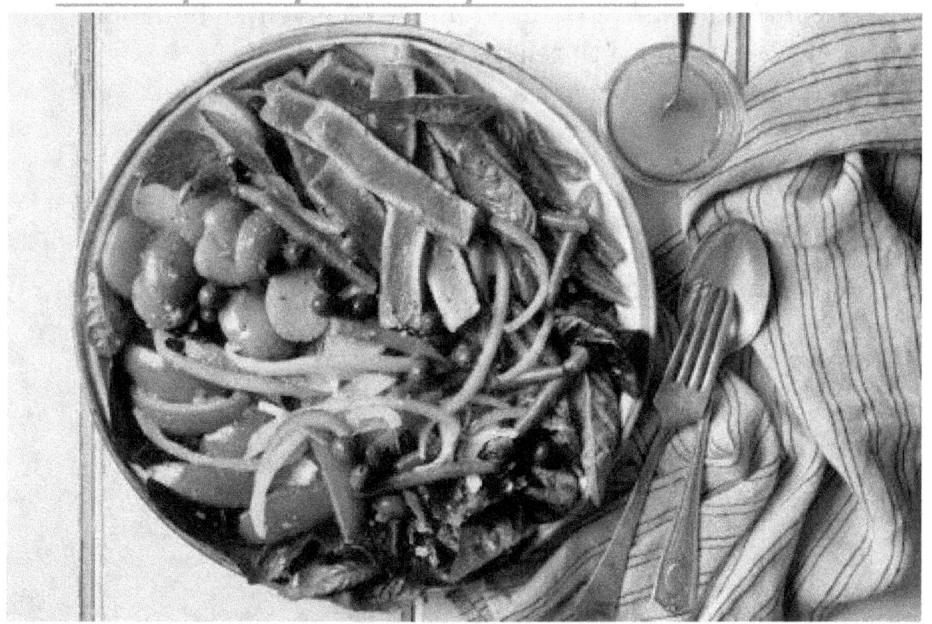

SLOŽENÍ:
- 3/4 libry dětských nebo krémových červených brambor
- 1/2 libry čerstvých zelených fazolek
- 2 lžíce dijonské hořčice
- 3 lžíce červeného vinného octa
- 1 lžíce bílého křenu
- 2 lžíce kuřecího vývaru
- 3/4 libry steak z čerstvého tuňáka, 1" silný
- 2 lžíce sezamových semínek
- 1 lžíce olivového oleje
- 8 uncí čerstvé baby zelené
- 1 zralé rajče nakrájené na 2" kostky
- 1/2 francouzské bagety
- 1/2 lžičky soli
- 1/2 lžičky čerstvě mletého černého pepře

INSTRUKCE:
a) Předehřejte troubu na 350.
b) Brambory omyjeme a nakrájíme na 1" kostky.
c) Fazole omyjeme, oloupeme a nakrájíme na 2" kousky.
d) Brambory dejte do pařáku nad 3" vody, poté hrnec přikryjte a přiveďte vodu k varu.
e) Vařte v páře 5 minut, poté přidejte fazole a pokračujte v páře dalších 5 minut.
f) Smíchejte hořčici a ocet ve velké misce, dokud nebude hladká. Přidejte křen a vývar, poté rozmíchejte vidličkou do hladké konzistence.
g) Osolte a opepřete, poté přidejte brambory a fazole, když jsou uvařené a dobře promíchejte.
h) Tuňáka omyjte a osušte papírovými utěrkami, poté obě strany potřete sezamovými semínky.
i) Předehřejte střední nepřilnavou pánev na středně vysokou teplotu po dobu 2 minut. Přidejte olivový olej a opékejte tuňáka 2 minuty z každé strany, poté opečenou stranu osolte a opepřete.
j) Přikryjte a odstraňte z tepla, poté nechte 5 minut odstát.
k) Zeleninu rozdělte napůl a dejte na talíře, poté na hlávkový salát nandejte brambory a fazole. Přidejte rajčata, pak tuňáka nakrájejte na nudličky a položte navrch.
l) Vršek přelijte zbývajícím dresinkem a podávejte s bagetou.

SALÁTY S TUŇÁKEM ALBACORE Z KONZERVA

32. Albacore banán ananasový salát

SLOŽENÍ:
- 3 zralé banány, nakrájené na kostičky
- 1/2 šálku nakrájeného konzervovaného ananasu
- 1 1/2 šálku konzervovaného tuňáka křídlatého
- 1/4 šálku celeru nakrájeného na kostičky
- 1/2 lžičky soli
- 1 lžíce nasekané okurky
- Majonéza na navlhčení

INSTRUKCE:
a) Banány a ananas smícháme dohromady a poté přidáme vločky bílého jádra.

b) Přidejte zbývající ingredience a ozdobte křupavým salátem a plátky citronu.

33. Těstovinový salát Albacore

SLOŽENÍ:
- 4 šálky vařených spirálových těstovin
- 1 šálek italského salátového dresinku
- 1 šálek rajčat, nakrájených na kostičky
- 1 šálek okurek, nakrájených na kostičky
- 1 šálek černých oliv, nakrájených na kostičky
- 1 šálek červené papriky, nakrájené na kostičky
- 2 šálky hlávkového salátu
- 1 plechovka tuňáka křídlatého

INSTRUKCE:
a) Těstoviny uvaříme podle návodu.
b) Scedíme a smícháme se salátovým dresinkem. Dejte na 1 hodinu do lednice.
c) Salát natrháme na kousky a dáme vychladit.
d) Zeleninu smíchejte s těstovinami, poté jemně vmíchejte tuňáka a naaranžujte na hlávkový salát v misce.

34. Salát s tuňákovými nudlemi

SLOŽENÍ:
- 1-2 plechovky tuňáka (nejlépe funguje bílý tuňák)
- 2 šálky nevařených těstovin (skvěle fungují malé skořápky nebo makarony)
- 1/3 okurky (nakrájené na kostky)
- 1/2 středního rajčete (nakrájeného na kostičky)
- 1 velká mrkev (oloupaná a nakrájená na malé kousky)
- 1/3 šálku nakrájených černých oliv
- 1/3 šálku nakrájených zelených oliv
- 3 sladké trpasličí okurky (nakrájené na tenké plátky)
- 1/2 malé cibule (mleté nebo najemno nakrájené)
- 1/2 šálku salátového dresinku (Miracle Whip nebo no name)
- Sůl a pepř na dochucení
- Jakákoli jiná zelenina, kterou máte rádi nebo kterou byste chtěli nahradit

INSTRUKCE:
a) Uvařte těstoviny (asi 10 minut).
b) Zatímco se těstoviny vaří, proveďte přípravu zeleniny.
c) Nudle sceďte a proplachujte studenou vodou, dokud těstoviny nevychladnou.
d) Přidejte salátový dresink, sůl a pepř. Dobře promíchejte.
e) K těstovinám přidáme všechnu nakrájenou zeleninu.
f) Přidejte do směsi tuňáka. Voilà!

35. Chow Mein tuňákový salát

SLOŽENÍ:
OBVAZ:
- 1/3 šálku každé majonézy a zakysané smetany (nebo řeckého jogurtu)
- 1/4 lžičky soli (upravte podle chuti)
- 3/4 lžičky česnekového prášku
- 1/8 lžičky černého pepře

SALÁT:
- 1 hlávka ledového salátu, natrhaná
- 12 uncí tuňáka křídlatého, scezeného a nakrájeného na kousky
- 1 šálek zmrazeného zeleného hrášku, rozmraženého
- 1 plechovka chow mein nudlí (asi 1 vrchovatý šálek)

INSTRUKCE:
a) Ingredience na zálivku promícháme a dáme stranou.
b) Smíchejte hrášek, tuňák a salát.
c) Vmícháme zálivku.
d) Nakonec vmíchejte chow mein nudle a ihned podávejte!

36.Mostaccioli salát Nicoise

SLOŽENÍ:
- 1 libra těstovin Mostaccioli nebo penne, nevařené
- 2 libry čerstvých zelených fazolek, dušených do měkka
- 2 středně zelené papriky, nakrájené na kousky
- 1 pinta cherry rajčat, nakrájená na čtvrtiny
- 2 šálky nakrájeného celeru
- 1 šálek nakrájené zelené cibule
- 10-20 vypeckovaných zralých oliv (Kalamata), nakrájených na plátky (nebo podle chuti)
- 2 (7 uncí) plechovky bílého tuňáka (Albacore) balené vodou, okapané a ve vločkách

OBVAZ:
- 1/2 šálku olivového nebo rostlinného oleje
- 1/4 šálku červeného vinného octa
- 3 stroužky česneku, nasekané
- 4 lžičky hořčice dijonského typu
- 1 lžička jakéhokoli bylinkového koření bez soli
- 1 lžička lístků bazalky (čerstvé nebo suché)
- 1/4 lžičky pepře

INSTRUKCE:
a) Připravte těstoviny podle pokynů na obalu.
b) Zatímco se vaří těstoviny, nakrájejte zeleninu a olivy, smíchejte je s tuňákem ve velké míse.
c) Smícháme olej, ocet, česnek, hořčici, bylinkové koření, bazalku a pepř.
d) Poté, co jsou těstoviny hotové, sceďte a přidejte je do velké mísy se zeleninou.
e) Těstoviny přelijte dresinkem a důkladně promíchejte.
f) Přikryjte a ochlaďte, dokud se chutě nespojí (asi 1-2 hodiny, déle pro lepší chuť).
g) Občas promíchejte, dokud to chladne, pak podávejte a vychutnejte si!

37. Prstencové nudle a Pimento tuňákový salát

SLOŽENÍ:
- 1 krabice malých kroužkových nudlí
- 1 sklenice papriky (nakrájené)
- 1/2 šálku nakrájeného celeru
- 1/2 šálku zelené cibule (nakrájené na malé kousky)
- 1 plechovka tuňáka křídlatého (sušená)
- 1 hrnek majonézy

INSTRUKCE:

a) Malé nudle vařte v osolené vodě, dokud nejsou hotové. Scedíme a propláchneme studenou vodou, dokud nevychladne.

b) Smícháme s nakrájenou paprikou, celerem, zelenou cibulkou, scezeným tuňákem a majonézou.

c) Necháme vychladit a podáváme na římském listu. Ideální na letní oběd.

38.Salát s tuňákem

SLOŽENÍ:
- 2 plechovky tuňáka křídlatého ve vodě
- 3/4 šálku velkého tvarohového tvarohu (můžete použít nízkotučný)
- 1 lžička kopru
- 1 lžička cukru (volitelně)
- 1 lžíce zázračného biče
- Sůl a pepř na dochucení

INSTRUKCE:
a) Smíchejte všechny ingredience v misce.
b) Dobře promíchejte a snězte.
c) Lze jíst samotné nebo na sendviči. Můžete si ho vychutnat na vydatném hrubozrnném chlebu nebo s celozrnnými krekry.

39. Makaronový salát s tuňákem

SLOŽENÍ:

- 12 uncí konzervovaného tuňáka křídlatého ve vodě, scezeného a ve vločkách
- 8-uncové balení malých skořápkových makaronů
- 2 natvrdo uvařená vejce, nakrájená nadrobno
- 1/4 šálku zelené nebo červené papriky, nakrájené
- 2 stonky celeru, nakrájené
- 1 svazek zelené cibule, nakrájené
- 1 šálek mraženého zeleného hrášku, uvařeného a chlazeného
- 3/4 šálku majonézy
- 2 polévkové lžíce kyselé okurky
- 1 lžička soli
- 1 lžička čerstvě mletého černého pepře

INSTRUKCE:

a) Makaróny uvaříme podle návodu na obalu, scedíme a propláchneme studenou vodou.
b) Nechte makarony vychladnout, poté přidejte tuňáka, vejce, pepř, celer, cibuli a hrášek. Dobře promíchejte.
c) V malé misce smícháme majonézu, kyselou okurku, sůl a pepř.
d) Přidejte majonézovou směs k makaronům a dobře promíchejte.
e) Před podáváním dejte na několik hodin do lednice.

40.Salát s tuňákem z nahého sněhu

SLOŽENÍ:
- 12 oz Chunk Bílého tuňáka křídlatého
- 1/8 šálku čerstvého sladkého hrášku
- 1 střední větve Čerstvé celerové srdce
- 1/2 šálku zelené cibule
- 1 šálek petrželky
- 1/2 šálku jicamy
- 1 lžička mletého kmínu
- 1/4 lžičky koření, kajenský pepř
- 1/4 lžičky soli
- 1/2 šálku majonézy

INSTRUKCE:
a) Hrášek oloupeme, poté nakrájíme celer na jemné kostičky, zelenou cibulku a jicama. Nasekaná petrželka.
b) Sceďte dvě plechovky tuňáka, spojte a dobře promíchejte.
c) Před podáváním hodinu chlaďte.
d) Podávejte přes čerstvou zeleninu nebo srolujte v zábalu. Lze použít na horký tuňákový zábal, pokud máte lis na panini.

41.Neptunský salát

SLOŽENÍ:
- 12-14 oz. Bílý tuňák bílý, okapaný
- 6 sušených rajčat balených v oleji, mletých
- 2 lžíce nasekané petrželky
- 1/2 šálku Marzetti® Balsamic Dressing, dělený
- 8 uncí očištěných zelených salátů
- 1/2 anglické okurky, rozpůlené a nakrájené na 1/4-palcové plátky
- 2 zralá rajčata nakrájená na 6 měsíčků
- 1 šálek texaského toastu Croutons® z mořské soli a pepře

INSTRUKCE:
a) Ve střední míse smíchejte tuňáka, sušená rajčata, petržel a 2 lžíce Marzetti® Balsamic Dressing.
b) V servírovací misce smíchejte zeleninový salát, okurku a rajčata. Promíchejte se zbývajícím balsamikovým dresinkem Marzetti®.
c) Po lžících nalijte tuňákovou směs na zeleninu a posypte krutony z texaského toastu s mořskou solí a pepřem.
d) Sloužit.

42.Smetanový salát s tuňákem a paprikou

SLOŽENÍ:
- 2 velké konzervy bílého tuňáka křídlatého balené ve vodě, okapané
- 1/4 vypeckovaných oliv kalamata, okapaných a nakrájených NEBO 1/4 španělských královských oliv, okapaných a nakrájených na plátky
- 1/2 červené papriky, zbavené semínek a nakrájené (nebo pečená červená paprika)
- 2 lžíce kapary, okapané
- 1/4 červené cibule, nakrájené na kostičky
- 2 římská rajčata, nakrájená
- Šťáva z plátku citronu
- Majonéza
- 2 lžičky dijonské hořčice
- Čerstvě mletý černý pepř
- Pár koktejlů koření Old Bay

INSTRUKCE:
a) Smíchejte všechny ingredience kromě majonézy ve velké míse.
b) Přidejte trochu majonézy najednou, dokud nedosáhne požadované konzistence; je jednodušší přidat než ubrat.
c) Chlaďte až do podávání.
d) Podávejte na křupavém francouzském chlebu se sýrem čedar nebo na zeleném listovém salátu.
e) Není potřeba sůl, protože se jí hodně získá z oliv a kapar.
f) Uživatel

43. Tuňákový salát Olio Di Oliva

SLOŽENÍ:
- 1 plechovka tuňáka křídlatého o objemu 5 uncí balená ve vodě
- 1/4 šálku nakrájených rajčat
- 1/4 šálku celeru nakrájeného na kostičky
- 1/8 šálku nakrájených oliv Kalamata
- 1 lžička kapary
- 1/4 lžičky suché bazalky
- 1/4 lžičky suchého oregana
- 1/4 lžičky suché petrželky
- 1 lžíce olivového oleje
- 1 1/2 lžíce červeného vinného octa
- Sůl a drcený pepř podle chuti
- 2 lžičky piniových oříšků (volitelně)

INSTRUKCE:
a) Tuňákovou konzervu dobře sceďte.
b) Vložíme do mísy a přidáme zbytek ingrediencí.
c) Jemně promíchejte, aby se směs promíchala.
d) Okamžitě vychlaďte nebo snězte.

44. Tortellini salát s tuňákem

SLOŽENÍ:
- 1 (19 oz.) balení mražených sýrových tortellini
- 1 (12 oz.) plechovka tuňáka křídlatého, dobře propláchnutého a okapaného
- 1/4 šálku nakrájených zelených oliv
- 1/4 šálku nakrájených černých oliv
- 1/4 šálku nakrájené červené papriky
- 2 lžíce nakrájené sladké cibule
- 2 lžíce nasekané čerstvé petrželky
- 2 lžíce majonézy
- 1 lžíce červeného vinného octa
- 1 lžička provensálských bylinek (nebo 1 lžička sušeného italského koření)
- 1/4 šálku řepkového oleje
- Sůl podle chuti
- Obloha: snítka čerstvé petrželky

INSTRUKCE:
a) Tortellini uvařte podle návodu na obalu; vypustit. Ponořte se do ledové vody, abyste zastavili proces vaření; sceďte a dejte do velké mísy.
b) Vmíchejte tuňáka a dalších 5 ingrediencí.
c) Smíchejte majonézu, červený vinný ocet a provensálské bylinky. Pomalým, stálým proudem přidávejte olej, za stálého šlehání do hladka.
d) Nalijte na směs tortellini, promíchejte, abyste obalili. Podle chuti vmícháme sůl.
e) Přikryjte a chlaďte alespoň 25 minut. V případě potřeby ozdobte.

45. Salát s tuňákem v centru města

SLOŽENÍ:
- 2 plechovky tongolu nebo tuňáka křídlatého
- 1 střední cibule, nakrájená
- 2 stonky celeru, nakrájené na 1/4" kostky
- 1 vejce, rozšlehané
- 2 lžíce smetanového sherry
- 1 lžička cajun koření
- Majonéza z olivového oleje podle chuti
- 1 lžíce papriky nakrájené na kostičky, okapané
- Extra panenský olivový olej
- Balzámový ocet
- 8-10 oz divoké rukoly, opláchnuté

INSTRUKCE:
a) V menším hrnci na troše olivového oleje orestujte cibuli, dokud nezačne měknout.
b) Přidáme celer a dále restujeme, dokud cibule zcela nezměkne a lehce nezhnědne.
c) Přidejte rozšlehané vejce a pokračujte ve vaření, míchejte, dokud se vejce neuvaří. Odeberte teplo.
d) Tuňáka důkladně sceďte a dejte do středně velké mísy. Přidejte 2 lžíce olivového oleje, sherry, pimentos a cajunské koření a poté promíchejte.
e) Přidejte majonézu na požadovanou úroveň krémovosti, ale alespoň 2 polévkové lžíce. Smíchejte se směsí vajec a cibule.
f) Pro podávání rozdělte rukolu na 4 předkrmové talíře. Zakápněte octem a olivovým olejem. Na každý dejte kopeček tuňákového salátu.

OSTATNÍ SALÁTY TUŇÁKOVÉ Z KONZERVY

46. Salát ze sušených rajčat a tuňáka

SLOŽENÍ:
- 10 sušených rajčat, změkčených a nakrájených na kostičky
- extra panenský olivový olej, 2 polévkové lžíce
- citronová šťáva, ½ polévkové lžíce
- 1 stroužek česneku, nasekaný
- jemně nasekaná petržel, 3 polévkové lžíce
- 2 (5 oz) plechovky tuňáka, ve vločkách
- 2 žebra celeru, nakrájená nadrobno
- Špetka soli s nízkým obsahem sodíku a pepře

INSTRUKCE:
a) Smíchejte na kostičky nakrájený celer, rajčata, extra panenský olivový olej, česnek, petržel a citronovou šťávu s tuňákem.
b) Dochuťte pepřem a solí s nízkým obsahem sodíku.

47. Italský salát s tuňákem

SLOŽENÍ:

- 10 sušených rajčat
- 2 (5 oz) plechovky tuňáka
- 1-2 žebra celeru, nakrájená nadrobno
- 2 polévkové lžíce extra panenského olivového oleje
- 1 stroužek česneku, nasekaný
- 3 polévkové lžíce jemně nasekané petrželky
- 1/2 lžíce citronové šťávy
- Špetka soli s nízkým obsahem sodíku a pepře

INSTRUKCE:

a) Sušená rajčata připravíme tak, že je necháme 30 minut změkčit v teplé vodě. Poté rajčata osušíme a nakrájíme najemno.
b) Tuňáka oloupeme.
c) Smíchejte tuňáka s nakrájenými rajčaty, celerem, extra panenským olivovým olejem, česnekem, petrželkou a citronovou šťávou. Přidejte sůl a pepř s nízkým obsahem sodíku.

48. Asijský salát s tuňákem

SLOŽENÍ:
- 2 (5 oz.) konzervy tuňáka, okapané
- ½ šálku nakrájeného červeného zelí
- 1 velká nastrouhaná mrkev
- 1 stroužek česneku, nasekaný
- 1 lžička červených chilli vloček (volitelně)
- 1 lžička zázvoru, strouhaného
- 1 lžička praženého sezamového oleje
- 2 polévkové lžíce olivového oleje
- 3 polévkové lžíce rýžového octa
- 1 lžička cukru
- 2 polévkové lžíce nasekaného čerstvého koriandru
- 1 jarní cibulka, nakrájená
- Sůl a černý pepř podle chuti

INSTRUKCE:
a) Přidejte všechny přísady do salátové mísy a dobře promíchejte.
b) Podáváme s chlebem nebo na hlávkovém salátu.

49.Římský salát s tuňákem

SLOŽENÍ:
- 1 polévková lžíce citronové šťávy
- 2 žebra celeru, nakrájená nadrobno
- 1 stroužek česneku, nasekaný
- 3 lžíce petrželky
- 2 polévkové lžíce extra panenského olivového oleje
- 10 sušených rajčat , často spařených v teplé vodě a nakrájených
- 10 oz plechovka tuňáka, ve vločkách
- Špetka soli s nízkým obsahem sodíku a pepře

INSTRUKCE:
a) Vše vhoďte do mísy.
b) Užívat si.

50.Nízkosacharidový předkrm tuňákový salát

SLOŽENÍ:
- 10 sušených rajčat , změkčených a nakrájených na kostičky
- 2 (5 oz) plechovky tuňáka , ve vločkách
- 1-2 žebra celeru, nakrájená nadrobno
- 2 polévkové lžíce extra panenského olivového oleje
- 1 stroužek česneku, nasekaný
- 3 polévkové lžíce jemně nasekané petrželky
- ½ lžičky citronové šťávy
- Špetka soli s nízkým obsahem sodíku a pepře

INSTRUKCE:
a) Smíchejte tuňáka s nakrájenými rajčaty, celerem, extra panenským olivovým olejem, česnekem, petrželkou a citronovou šťávou.
b) Přidejte sůl a pepř s nízkým obsahem sodíku.

51. Příprava tuňákového salátu

SLOŽENÍ:
- 2 velká vejce
- 2 (5 uncí) plechovky tuňáka ve vodě, okapané a ve vločkách
- ½ šálku odtučněného řeckého jogurtu
- ¼ šálku celeru nakrájeného na kostičky
- ¼ šálku nakrájené červené cibule
- 1 lžíce dijonské hořčice
- 1 polévková lžíce sladkého nálevu (volitelné)
- 1 lžička čerstvě vymačkané citronové šťávy nebo více podle chuti
- ¼ lžičky česnekového prášku
- Košer sůl a čerstvě mletý černý pepř podle chuti
- 4 listy salátu Bibb
- ½ šálku syrových mandlí
- 1 okurka, nakrájená na plátky
- 1 jablko, nakrájené na plátky

INSTRUKCE:
a) Vložte vejce do velkého hrnce a zakryjte studenou vodou o 1 palec. Přiveďte k varu a vařte 1 minutu. Hrnec přikryjte těsně přiléhající poklicí a stáhněte z ohně; necháme 8 až 10 minut uležet. Před loupáním a půlením dobře sceďte a nechte vychladnout.

b) Ve střední misce smíchejte tuňáka, jogurt, celer, cibuli, hořčici, dochucovadlo, citronovou šťávu a česnekový prášek; dochutíme solí a pepřem dle chuti.

c) Rozdělte listy salátu do nádob na přípravu jídla. Naplňte směsí tuňáka a přidejte vejce, mandle, okurku a jablko. V lednici vydrží 3 až 4 dny.

52.Salát s kiwi a tuňákem

SLOŽENÍ:
- 1 konzerva tuňáka, okapaná
- 2 kiwi, oloupaná a nakrájená na plátky
- 1 malá červená cibule, nakrájená na tenké plátky
- 2 lžíce olivového oleje
- 1 lžíce balzamikového octa
- Sůl a pepř na dochucení
- Míchané listy salátu

INSTRUKCE:
a) V malé misce prošlehejte olivový olej a balzamikový ocet a vytvořte dresink.
b) Ve velké míse smíchejte tuňáka, kiwi, červenou cibuli a míchané listy salátu.
c) Zálivkou přelijte salát a promíchejte, aby se obalil.
d) Dochuťte solí a pepřem podle chuti.

53.Předkrmový salát s tuňákem

SLOŽENÍ:
- 1/2 šálku bílého jogurtu
- 1/3 šálku majonézy
- 1/4 šálku nasekané bazalky
- 1/4 lžičky pepře
- 1/2 anglické okurky
- 1 paprika
- 2 šálky cherry rajčat; poloviční
- 1 1/2 šálku perel bocconcini
- 1/2 šálku zelených oliv s pimentem
- 2 lžíce okapané a nakrájené nakládané feferonky
- 2 konzervy kousky tuňáka, okapané
- Zelený salát

INSTRUKCE:
a) Ve velké misce smíchejte jogurt, majonézu, bazalku a pepř.
b) Důkladně promíchejte.
c) Přidejte okurku, papriku, rajčata, bocconcini, olivy a feferonky.
d) Přehodit do kabátu.
e) Pomocí vidličky jemně vmíchejte tuňáka a nechte ho nakrájet na kousky.
f) Podávejte na vrchu zelí.

54.Salát s artyčoky a zralými olivami

SLOŽENÍ:

- 2 plechovky kousky světlého tuňáka, okapané a ve vločkách
- 1 šálek nakrájených konzervovaných artyčokových srdíček
- 1/4 šálku nakrájených oliv
- 1/4 šálku nakrájené cibule
- 1/3 šálku majonézy
- 3 stroužky česneku, nasekané
- 2 lžičky citronové šťávy
- 1 1/2 lžičky nasekaného čerstvého oregana nebo 1/2 lžičky sušeného

INSTRUKCE:

a) Ve střední misce smíchejte všechny ingredience.
b) Podávejte na lůžku z hlávkového salátu nebo špenátu s nakrájenými rajčaty nebo použijte k plnění vydlabaných rajčat nebo slupek z listového těsta.

55. Kruhový makaronový salát s tuňákem

SLOŽENÍ:
- 1 (7 uncí) kroužkových makaronů připravených podle pokynů na krabici
- 1 (8 1/2 unce) plechovka hrášku Le Sueur ze začátku června, okapaného (nebo 1 šálek mraženého dětského hrášku Green Giant Select Le Sueur, rozmraženého)
- 1 šálek celeru, jemně nakrájeného
- 2 (6 uncí) konzervy tuňáka, okapané
- 1/4 šálku cibule, jemně nakrájené
- 1 šálek Miracle Whip
- 1 lžička soli (nebo méně, použijte podle chuti)

INSTRUKCE:
a) Všechny ingredience spolu opatrně promíchejte a dejte na 2 až 3 hodiny do lednice.

56.Avokádový salát s tuňákem

SLOŽENÍ:
- 2 natvrdo uvařená vejce
- 1 avokádo
- 1/2 lžičky citronové šťávy
- 8 uncí tuňáka
- 3 lžíce majonézy
- 1/2 šálku cibule, nakrájené
- 2 lžíce koprové okurky, nasekané
- 2 lžičky tekuté feferonkové omáčky
- 1 1/2 lžičky soli
- 1 hlávkový salát, nakrájený

INSTRUKCE:
a) V misce smíchejte natvrdo uvařená vejce s avokádem pokapaným citrónovou šťávou, aby nezbarvily.
b) Dobře rozmačkejte vidličkou.
c) V servírovací misce smícháme tuňáka (scezeného) s majonézou, nakrájenou cibulí, nakrájenou koprovou okurkou, tekutou feferonkovou omáčkou a solí.
d) Vmícháme vaječnou směs.
e) Podávejte přes nakrájený salát.

57. Barcelonský rýžový salát s tuňákem

SLOŽENÍ:
- 1/3 šálku olivového oleje
- 1/2 šálku červeného vinného octa
- 1 stroužek česneku, jemně nasekaný
- 1/2 lžičky soli
- 1 lžíce dijonské hořčice
- 2 1/2 šálků vařené dlouhozrnné rýže
- Tuňák z konzervy 5 uncí, scezený
- 1/2 šálku nakrájených zelených oliv plněných pimentem
- 1 červená paprika, zbavená jádřinců, pecky a nakrájená na plátky
- 1 střední okurka, oloupaná a nakrájená
- 1 rajče, nakrájené
- 1/4 šálku mleté čerstvé petrželky

INSTRUKCE:
a) V malé skleněné misce prošlehejte olej, ocet, česnek, sůl a dijonskou hořčici.
b) Smíchejte zbývající ingredience kromě petrželky, poté zalijte dresinkem a jemně promíchejte, aby se spojily.
c) Zakryjte a nechte marinovat v lednici, poté před podáváním vmíchejte petrželku.

58. Studený těstovinový salát s tuňákem a motýlkem

SLOŽENÍ:
- 1 sáček (32 uncí) velký motýlkový makaron
- 6 (6 uncí) plechovek tuňáka
- 1 svazek celeru
- 1 malá okurka
- 1 červená cibule
- 2 plechovky černých oliv
- 1 (10-12 uncí) sklenice koprových okurek
- Majonéza (lehká majonéza, pokud je to žádoucí)
- Sůl pepř

INSTRUKCE:
a) Makarony uvaříme podle návodu.
b) Během přípravy makaronů si připravte ostatní suroviny.
c) Nakrájejte celer, nasekejte okurky, cibuli, olivy a okurku.
d) Když jsou makarony hotové, vložte je do VELKÉ mísy.
e) Začněte používat asi polovinu makaronů a podle potřeby přidejte další.
f) Vmíchejte tuňáka a ostatní ingredience spolu se solí a pepřem.
g) Upravte si majonézu podle svého. Užívat si!

59. Salát s černými fazolemi

SLOŽENÍ:
- 1 konzerva tuňáka, okapaná
- 1 plechovka černých fazolí, okapaná (nepropláchnutá)
- 1 rajče, nakrájené
- Tofu (volitelné, dle vašeho uvážení)
- 1 lžíce (Alouette) roztíratelný sýr s česnekem a bylinkami (jako frischkäse nebo neufchatel)
- 1/4 šálku husté smetany
- Míchaný zeleninový salát
- Chilli olejový dresink (volitelně)

INSTRUKCE:
a) Rybí koláče a smetanu dejte do misky.
b) Přidejte tuňáka a černé fazole. Lehce promícháme.
c) Směs v mikrovlnné troubě po dobu přibližně 2-3 minut, dokud se rybí koláčky nerozpustí. Míchat.
d) Zelený salát položte na talíř.
e) Doprostřed salátu naberte porci fazolí a tuňáka.
f) Přisypeme rajčata a navrch nalámeme trochu tofu.
g) V případě potřeby přidejte dresink. (Vyzkoušejte domácí chilli olejový dresink se sezamovým olejem, sojovou omáčkou, na kostičky nakrájené pečené chilli papričky. Promíchejte a zalijte)
h) Užívat si!

60.Salát Hnědá Rýže A Tuňák

SLOŽENÍ:
- 1 1/5 šálků hnědé rýže nebo jiné dlouhozrnné rýže
- 1/2 šálku balzamikového octa
- 250 gramů okurek, neloupaných, nakrájených na 1 cm kostky
- 1/2 šálku malých ředkviček, rozpůlených
- 1 řapíkatý celer, nakrájený
- 60 gramů baby rukoly listy
- 450 gramů tuňáka ve vodě, okapaného a ve vločkách
- Pepř podle chuti (bez soli, protože tuňák je slaný už dost)

INSTRUKCE:
a) Rýži uvařte podle návodu na obalu, dobře sceďte a nechte 10 minut vychladnout.
b) Balsamico vmícháme do rýže a necháme 15 minut odstát.
c) Přidejte všechny ostatní ingredience k rýži, přidejte pepř podle chuti, promíchejte, aby se spojily.
d) Podávejte s nebo na plátcích hnědého chleba.

61. Cizrnový tuňákový salát

SLOŽENÍ:
OBVAZ:
- 1 lžička suché máty nebo několik čerstvě namletých
- 1/2 lžičky česnekového prášku nebo použijte čerstvý podle chuti
- 1/4 lžičky mleté skořice
- 1/2 lžičky soli
- 1/3 šálku jablečného octa
- 1/4 šálku oblíbeného oleje

ZELENINA:
- 1 šálek celeru nakrájeného na kostičky nebo plátky (včetně vrchních listů)
- 1/2 až 1 celá nakrájená červená paprika
- 8 oz plechovka nakrájených vodních kaštanů, okapaných
- 15 oz plechovka fazolí garbanzo (cizrna, ceci), scezené a opláchnuté
- 1 šálek tence nakrájené červené cibule
- 1 velké rajče, nakrájené na kostičky
- Tuňák

INSTRUKCE:
a) Všechny ingredience na zálivku přidejte dohromady a důkladně prošlehejte.
b) Smíchejte všechnu zeleninu ve velké míse a zalijte dresinkem.
c) Dobře se uchovává v lednici a chutná skvěle, když je několik hodin marinovaný.
d) Umístěte na lůžko se zeleninou/hlávkovým salátem nebo podávejte jako čerstvou přílohu.
e) Pro vydatnější variaci přidejte vločkovaného tuňáka nebo grilované kuře.

62.Nakrájený salát s tuňákem

SLOŽENÍ:
- 2 lžíce bílého vinného octa
- 1/4 lžičky soli
- 1/8 lžičky čerstvě mletého černého pepře
- 1/4 šálku extra panenského olivového oleje
- 1 hlava římského salátu nakrájená na 1" kousky
- 1 konzerva cizrny, okapaná a propláchnutá
- Tuňák z konzervy 5 uncí, scezený a ve vločkách
- 1/2 šálku černých oliv, vypeckovaných a nakrájených na plátky
- 1/2 červené cibule, nakrájené na 1/4" kousky
- 2 šálky čerstvé kadeřavé petrželky, hrubě nasekané

INSTRUKCE:
a) Vložte ocet do velké salátové mísy.
b) Osolíme a opepříme.
c) Pomalu přidávejte olej stálým proudem a šlehejte do emulgace.
d) Přidejte zbývající ingredience do mísy a dobře promíchejte, aby se spojily.

63.Klasický salát Nicoise s tuňákem

SLOŽENÍ:
- 115 g zelených fazolek (nakrájených a rozpůlených)
- 115 g míchaných salátových listů
- 1/2 malé okurky (nakrájené na tenké plátky)
- 4 zralá rajčata (na čtvrtky)
- 50 g konzervovaných ančoviček (scezených) - volitelné
- 4 vejce (uvařená natvrdo a na čtvrtky NEBO pošírovaná)
- 1 malá plechovka tuňáka ve slaném nálevu
- Sůl a mletý černý pepř
- 50 g malých černých oliv - volitelné

OBVAZ:
- 4 PL extra panenského olivového oleje
- 2 stroužky česneku (rozdrcené)
- 1 PL bílého vinného octa

INSTRUKCE:
a) Na dresink smícháme poslední 3 ingredience a dochutíme solí a černým pepřem, poté odstavíme.
b) Zelené fazolky vařte asi 2 minuty (blanšírování) nebo do mírného změknutí, poté slijte.
c) Ve velké míse smíchejte listy salátu, okurku, rajčata, zelené fazolky, ančovičky, olivy a dresink.
d) Doplňte rozčtvrcenými vejci a vločkami tuňáka (aby neztratil tvar).
e) Okamžitě podávejte a užívejte!

64.Kuskus Salát z cizrny a tuňáka

SLOŽENÍ:
- 2 lžičky oleje
- 1 punnet cherry rajčata, rozpůlená
- 1 hrnek kuskusu
- 1 šálek vody, vařené
- 80 g baby špenátu
- 400 g scezené cizrny
- 185 g tuňáka v oleji, okapaného a ve vločkách
- 90 g sýra feta, rozdrobený
- 1/3 šálku vypeckovaných oliv Kalamata, nakrájených na plátky

OBVAZ:
- 2 PL olivového oleje
- 1 PL balzamikového octa
- 2 PL javorového sirupu

INSTRUKCE:
a) Na střední pánvi rozehřejte olej na nejvyšší stupeň. Přidejte rajčata, vařte 1-2 minuty do měkka a poté přendejte na talíř.
b) Kuskus dejte do velké mísy, zalijte vodou a nechte asi 5 minut stát, dokud se tekutina nevstřebá. Chmýří vidličkou.
c) Dresink: Všechny ingredience smícháme v džbánu a dochutíme.
d) Špenát, cizrnu, tuňáka, fetu a olivy promíchejte přes kuskus, spolu s rajčaty a dresinkem.
e) Podávejte s křupavým chlebem. Užívat si!

65. Salát s tuňákem, ananasem a mandarinkou

SLOŽENÍ:
- Plátky ananasu z plechovky 20 uncí, rezervujte si 2 lžíce šťávy
- 7-uncová plechovka bílého tuňáka, scezená
- 11-uncová plechovka mandarinek, scezená
- 1 střední okurka, oloupaná a nakrájená na kostičky
- 1/4 šálku nakrájené zelené cibule
- Listy salátu na ozdobu talířů
- 1 hrnek majonézy
- 1 PL citronové šťávy

INSTRUKCE:
a) Plátky ananasu sceďte a nechte si 2 polévkové lžíce. na dresink.
b) Ve střední misce nalámejte velké kousky tuňáka, pak je přidejte s kousky pomeranče, okurkou a zelenou cibulkou.
c) Vyložte 5 salátových talířů listy salátu.
d) Na talíře nalijte lžící směsi tuňáka na salát.
e) Na každý talíř položte 2 plátky ananasu.
f) Na zálivku smíchejte 2 polévkové lžíce. ananasový džus s majonézou a citronovou šťávou.
g) Každou porci salátu pokapeme dresinkem a ihned podáváme.

66.Čerstvý Tuňák A Olivový Salát

SLOŽENÍ:
- 1/2 šálku celeru nakrájeného na kostičky
- 1/2 šálku nakrájené španělské cibule
- 1/4 šálku nakrájené mrkve
- 1/2 bobkového listu
- 1/2 šálku suchého bílého vína
- 2 kolečka citronu
- 1 snítka čerstvé majoránky
- 1 snítka čerstvého tymiánu
- 1 libra čerstvého tuňáka bez kůže, upravený
- 1/4 šálku nakrájené červené papriky
- 1/4 šálku nakrájených vypeckovaných sušených černých oliv
- 3 lžíce olivového oleje
- 2 lžíce nasekané čerstvé ploché listové petrželky
- 1 1/2 lžíce čerstvě vymačkané citronové šťávy
- 1 lžička horké omáčky
- Sůl a čerstvě mletý černý pepř

INSTRUKCE:
a) Ve středním hrnci smíchejte 1/4 šálku celeru, 1/4 šálku cibule, mrkev, bobkový list, bílé víno, kolečka citronu, majoránku, tymián a 1 1/2 šálku vody. Přiveďte k varu a poté snižte teplotu a vařte 5 minut.
b) Jemně ponořte tuňáka do tekutiny a pošírujte, dokud nebude hotový, asi 12 až 15 minut. Tuňáka vyjmeme a necháme vychladnout. Po vychladnutí nalámejte na velké plátky.
c) Tekutinu na vaření přeceďte přes jemné sítko do jiného hrnce. Pevné látky zlikvidujte. Scezenou tekutinu přiveďte k varu, snižte ji na 1/4 šálku a téměř sirupovou (10 až 15 minut). Odstraňte z ohně a nechte vychladnout.
d) Ve velké misce smíchejte tuňáka, zbývající 1/4 šálku cibule, červenou papriku, olivy, olivový olej, petržel, citronovou šťávu, horkou omáčku a 2 lžíce redukované tekutiny na vaření. Zbylou tekutinu z vaření vylijte.
e) Jemně, ale důkladně promícháme a dochutíme solí a pepřem.
f) Použijte jako náplň na sendviče nebo jako součást salátu.

67.Tuňák Avokádo Houba A Mango Salát

SLOŽENÍ:
- Plechovky s tuňákem Serena (porce závisí na počtu osob)
- Máslový salát
- Houby
- Cherry rajčata
- Sladká kukuřice (plechovka)
- Libanonská okurka
- Mango v plechovce
- francouzský dresink

INSTRUKCE:
a) Všechny produkty omyjte a salát nakrájejte/natrhejte na kousky o velikosti sousta.
b) Ostatní suroviny nakrájíme dle libosti.
c) Salát sestavte tak, že do mísy dáte hlávkový salát, rovnoměrně přidáte tuňáka, navrstvíte rajčata, žampiony, okurky, mango a pokapete dresinkem.
d) Není třeba házet nebo míchat, podávat nebo jíst hned. Užívat si!

68. Řecký řepa A Bramborový Salát

SLOŽENÍ:
- 1/4 šálku salátového oleje
- 2 lžíce dobrého vinného octa nebo směsi octa a citronové šťávy
- 1/4 lžičky suché hořčice
- Čerstvě mletý pepř
- 4 šálky na kostičky nakrájené vařené brambory
- 2 šálky na kostičky nakrájené vařené nebo konzervované řepy
- 1 střední bermudská cibule, nakrájená nadrobno
- 1 lžíce nasekaných kapar
- 1/4 šálku nakrájeného koprového nálevu
- 1/2 šálku zralých oliv, nakrájených na velké kusy
- 1 1/2 šálku zeleného hrášku, zelených fazolí nebo vločkovaného tuňáka nebo lososa (dle vašeho výběru)
- Obloha (volitelně): ančovičky, zelené nebo černé olivy, snítka petržele

INSTRUKCE:
a) Smíchejte první čtyři ingredience v nádobě se šroubovacím uzávěrem a důkladně protřepejte, aby se promíchaly.
b) Nalijte na řepu, brambory, cibuli a hrášek. Promíchejte, zakryjte a dejte přes noc do lednice.
c) Krátce před podáváním přidejte hrášek, fazole nebo tuňáka nebo lososa.

69. Tuňákový salát v řeckém stylu

SLOŽENÍ:
- 1 šálek orzo, nevařený
- 1 (6 1/8) konzervy pevného bílého tuňáka, okapaného a ve vločkách
- 2 šálky nakrájených rajčat
- 1/2 šálku rozdrobeného sýra feta
- 1/4 šálku nakrájené fialové cibule
- 3 lžíce nakrájených zralých oliv
- 1/2 šálku červeného vinného octa
- 2 lžíce vody
- 2 lžíce olivového oleje
- 1 stroužek česneku, nasekaný
- 1/2 lžičky sušené bazalky
- 1/2 lžičky sušeného oregana
- Zelený listový salát (volitelně)

INSTRUKCE:
a) Vařte orzo podle návodu na obalu; sceďte, propláchněte studenou vodou a znovu sceďte.
b) Smíchejte orzo, tuňáka, rajčata, fetu, cibuli a olivy ve velké misce. Jemně prohoďte.
c) Smíchejte ocet, vodu, olivový olej, česnek, bazalku a oregano v nádobě elektrického mixéru. Přikryjte a zpracujte do hladka, poté nalijte na těstovinovou směs a jemně promíchejte.
d) Přikryjeme a důkladně vychladíme. Podle chuti podávejte na listech salátu.

70. Makaronový salát na havajský styl

SLOŽENÍ:
- 1 krabička makaronů dle vlastního výběru
- 6 vařených vajec
- 1 strouhaná mrkev
- Další doplňky podle potřeby (cibule, olivy, tuňák, mražený hrášek, jemně nasekaný celer, vařené krevety velikosti salátu)
- Dresink: 1 šálek majonézy nebo více, 2 lžíce vody, 1/2 lžičky rýžového octa, sůl a pepř podle chuti, 1/2 lžičky kari (volitelně), 1/2 lžičky papriky (volitelně), 2 lžíce mléka (volitelně) , 1 lžíce cukru (volitelně)

INSTRUKCE:
a) Makarony uvaříme podle návodu na obalu, opláchneme a necháme vychladit.
b) Uvařená vejce nakrájíme a přidáme k makaronům. Přidejte nastrouhanou mrkev a jakékoli další doplňky.
c) Všechny přísady na dresink smícháme dohromady. Podle potřeby upravte majonézu nebo vodu.
d) Dresink smícháme s makaronovou směsí, necháme vychladit a podáváme.

71. Zdravý brokolicový salát s tuňákem

SLOŽENÍ:
- 1 hlavička brokolice
- 1 balení tuňáka
- 1 plechovka cizrny
- Hrst hroznových rajčat
- Polovina červené cibule
- Olivový olej
- Citronová šťáva
- Sůl pepř

INSTRUKCE:
a) Brokolici omyjeme a nakrájíme na kostičky velikosti sousta.
b) Cizrnu propláchneme, tuňáka scedíme a rajčata nakrájíme napůl.
c) Červenou cibuli nakrájíme na malé kousky.
d) Všechny ingredience smíchejte dohromady, poté přidejte olivový olej a citronovou šťávu, aby se salát obalil.
e) Přidejte sůl/pepř podle chuti. Užívat si!

72. Míchaný salát z fazolí a tuňáka

SLOŽENÍ:
- 1 plechovka fazolí severních
- 1 může nakrájet zelené fazolky
- 1 plechovka fazolí Garbanzo
- 1 plechovka červených fazolí
- 2 konzervy tuňáka, balené ve vodě, okapané
- 1 středně sladká cibule, hrubě nakrájená
- 1/2 šálku nasekané oranžové nebo žluté papriky
- 2/3 šálku octa
- 1/2 šálku salátového oleje
- 1/4 šálku Splenda nebo cukru
- 1 lžička celerového semínka

INSTRUKCE:
a) Všechny fazole dobře opláchněte a smíchejte je ve velké misce s nakrájenou cibulí, tuňákem a nakrájenou paprikou.
b) Smíchejte ocet, rostlinný olej, cukr a celerové semínko. Nalijte na zeleninu a lehce promíchejte.
c) Přikryjte a dejte do lednice na osm hodin nebo přes noc, občas promíchejte, aby se chutě spojily.

73. Italská předkrmová salátová mísa

SLOŽENÍ:
- 6 uncí artyčokových srdcí
- 8-3/4 unce plechovky garbanzo fazolí, okapané
- 8-3/4 unce plechovky červených fazolí, scezených
- 6-1/2 unce může zapálit tuňáka ve vodě, okapaného a ve vločkách
- 1/2 sladké červené cibule, nakrájené na tenké plátky
- 3 lžíce zálivky na italský salát
- 1/2 šálku celeru, nakrájeného na tenké plátky
- 6 šálků míchaného salátu
- 2 unce ančovičky, scezené
- 3 unce suchého salámu nakrájeného na tenké proužky
- 2 unce sýra Fontina, nakrájeného na kostky
- Nakládané červené a zelené papriky na ozdobu

INSTRUKCE:
a) Smíchejte artyčok a marinádu s fazolemi, tuňákem, cibulí a 2 lžícemi zálivky.
b) Přikryjte a dejte do chladničky na 1 hodinu nebo déle, aby se chutě propojily.
c) Ve velké salátové míse lehce promíchejte marinovanou směs s celerem a zeleninovým salátem.
d) Pokud je potřeba, vmíchejte ještě trochu zálivky.
e) Navrch naaranžujte ančovičky, salám a sýr, poté ozdobte paprikou. Ihned podávejte.

74.Japonský salát s tuňákem Harusume

SLOŽENÍ:
- 50 g Harusume nudlí (fazolové nudle/skleněné nudle nebo rýžové nudle)
- 1 Malý konzervovaný tuňák
- 1/2 malé okurky (nakrájené na tenké plátky)
- 1 lžička japonského nakládaného zázvoru (volitelně)
- Proužky mořských řas (volitelné)
- Jarní cibulka/cibulka/zelená cibulka (volitelné)
- Sezamová semínka (volitelné)
- Omáčka: 1 lžička sezamového oleje, 2 lžičky světlé sojové omáčky/tamari, 1 lžička mirin, sůl podle chuti

INSTRUKCE:
a) Namočte nudle do převařené vody nebo horké vody, dokud nebudou průsvitné (3-4 minuty nebo 15 minut).
b) Plátky okurky posypte solí a dejte stranou.
c) Nudle propláchneme pod studenou vodou a scedíme. Na nudle rozložte konzervu tuňáka.
d) Přidejte plátky okurky (a případně nakládaný zázvor).
e) Nudle nalijte omáčkou, dochuťte solí a pepřem a míchejte, dokud nebudou dobře obalené.
f) Ozdobte proužky mořských řas, nakrájenou jarní cibulkou a sezamovými semínky.
g) Ihned podávejte.

75. Salát z tuňáka a sardel Nicoise

SLOŽENÍ:
- 8 malých červených brambor (vařených)
- 2 libry zelených fazolí (blanšírovaných)
- 10 oválných cherry rajčat
- 1 malá fialová cibule (nakrájená na tenké plátky)
- 1/2 šálku oliv (vypeckovaných)
- 6 natvrdo vařených vajec (na čtvrtky)
- 2 plechovky 12 oz bílého tuňáka (zabalené v oleji)
- 2 oz filety z ančoviček (volitelně)
- Dresink: 1 lžíce dijonské hořčice, 4 lžíce červeného vinného octa, 1/2 šálku olivového oleje, 1 lžička cukru, 1/2 lžičky soli, 1/2 lžičky pepře, 1/4 šálku jemně nasekané ploché listové petrželky

INSTRUKCE:
a) Brambory uvaříme, vychladlé je rozčtvrtíme. Vejce uvaříme a rozčtvrtíme. Fazole blanšírujeme a vychladíme.

b) Vyšlehejte hořčici a ocet do hladka. Pomalým proudem přidávejte olivový olej, šlehejte do zhoustnutí. Přidejte cukr, sůl, pepř a nasekanou petrželku.

c) Přidejte salát, aby se promíchal, nalijte většinu dresinku, kolem misky naaranžujte vejce, doprostřed tuňáka a zbylou zálivkou pokapejte tuňáka a vejce.

76.Zbylý Mac salát k obědu s tuňákem

SLOŽENÍ:
- 1 qt zbylého makaronového salátu (odstraňte veškerý hlávkový salát)
- 1 plechovka tuňáka
- 1 šálek vody
- 1/2 balíčku práškového sýra
- Pepř
- Kořeněná sůl

INSTRUKCE:
a) Vařte vodu.
b) Přidejte tuňáka.
c) Přidejte makaronový salát a dobře promíchejte. Přiveďte zpět k varu.
d) Přidejte 1/2 balíčku sýra.
e) Dochuťte pepřem a ochucenou solí podle chuti.
f) Užívat si!

77. Salát z vařených vajec a tuňáka

SLOŽENÍ:
- 2 balení tuňáka
- 2 vejce natvrdo
- 3 lžíce majonézy
- 1/2 lžičky rančového dresinku
- 1/2 lžičky francouzského cibulového chipsu
- 1/2 lžičky dochucovadla (nakrájené)
- Špetka kousků slaniny
- Špetka česnekového prášku
- Dash of Cajun koření
- Špetka pepře

INSTRUKCE:
a) Všechny ingredience smíchejte dohromady v míse.
b) Nechejte 30 minut chladit pro nejlepší chuť a konzistenci.
c) Užívejte samotné nebo na toustovém chlebu.

78. Středomořský salát s tuňákem a předkrmem

SLOŽENÍ:

- 1 plechovka fazolí (cizrna, černooký hrášek nebo fazole cannellini), propláchnuté
- 2 plechovky nebo balíčky ve vodě balený kus světlého tuňáka, okapaný a ve vločkách
- 1 velká červená paprika, nakrájená nadrobno
- 1/2 šálku jemně nakrájené červené cibule
- 1/2 šálku nasekané čerstvé petrželky, rozdělené
- 4 lžičky kapary, opláchnuté
- 1 1/2 lžičky jemně nasekaného čerstvého rozmarýnu
- 1/2 šálku citronové šťávy, rozdělené
- 4 lžíce extra panenského olivového oleje, rozdělené
- Čerstvě mletý pepř podle chuti
- 1/4 lžičky soli
- 8 šálků míchaného zeleného salátu

INSTRUKCE:

a) Ve střední misce smíchejte fazole, tuňáka, papriku, cibuli, petržel, kapary, rozmarýn, 1/4 šálku citronové šťávy a 2 lžíce oleje.
b) Dochutíme pepřem.
c) Smíchejte zbývající 1/4 šálku citronové šťávy, 2 lžíce oleje a sůl ve velké misce.
d) Přidejte zelený salát; hodit do kabátu.
e) Zeleninu rozdělte na 4 talíře a na každý položte salát s tuňákem.

79. Středomořský salát s tuňákem

SLOŽENÍ:
- Italský tuňák balený v olivovém oleji (koupit ve velkém v Costco)
- Asi šálek ječmene (již uvařený)
- Hroznová rajčata (nakrájená)
- Kapary
- Černé vrásčité olivy (vypeckované a nahrubo nasekané)
- Dětská rukola
- Citronová šťáva
- Extra panenský olivový olej
- Sůl
- Čerstvě namletý černý pepř

INSTRUKCE:
a) Všechny ingredience smícháme v míse a jemně promícháme.
b) Přidejte tolik nebo tak málo, jak chcete, každého podle osobních preferencí.
c) Podávejte s pár kousky celozrnného křupavého chleba.

80.Naložený salát Nicoise

SLOŽENÍ:
- 1 hlávka římského salátu, natrhaná na malé kousky
- 1 hlava bostonského nebo bibbského salátu
- 2 nebo 3 konzervy tuňáka, okapané
- 1 plechovka artyčokových srdíček, okapaná
- 1 šálek hroznových rajčat
- 6-8 zelené cibule, očištěné
- 6-8 malých nových červených brambor, dušených, ponechaných ve slupce
- 1 konzerva filetů sardele, namočená v mléce, osušená
- 3/4 lb čerstvých zelených fazolí, blanšírovaných
- 4 vejce natvrdo, nakrájená na čtvrtky
- 2 šalotky, mleté
- 1 stroužek česneku, rozdrcený
- 1,5 lžičky soli
- Čerstvý mletý černý pepř
- 2 lžíce dijonské hořčice
- 1/3 šálku červeného vinného octa
- 2/3 šálku jemného extra panenského olivového oleje
- 3 lžíce kapar, okapané (rezervované jako ozdoba)

INSTRUKCE:
a) Salát připravte podle návodu, zajistěte křupavé fazole a jemné brambory.
b) Zálivku připravíme rozšleháním šalotky, česneku, hořčice, soli a pepře s octem.
c) Za stálého šlehání přidávejte pomalu olej.
d) Uvařené ohřáté brambory přelijte 2 lžícemi připraveného dresinku.
e) Zelené fazolky smíchejte s malou lžící dresinku.
f) Sestavte salát, aranžujte hlávkový salát, tuňák, vejce a další. Pokapejte dresinkem.
g) Ozdobte kapary. Podávejte se zbývajícím dresinkem na boku.

81. Salát s jablky, brusinkami a tuňákem

SLOŽENÍ:
- 2 malé plechovky tuňáka ve vodě
- 3 velká vejce
- 1 malá nebo 1/2 velké žluté cibule
- 2 velmi plné lžíce sladkého dochucení
- 1 malé jablko Granny Smith
- 3 lžíce sušených brusinek
- 3 lžíce majonézy
- 1 lžíce pikantní nebo hnědé hořčice
- Sůl a pepř na dochucení
- 1 lžíce citronové šťávy
- 1 lžička petrželových vloček
- 1/4 lžičky papriky

INSTRUKCE:
a) Vejce vařte 10 minut; vychladit, oloupat a nakrájet na kostky.
b) Vodu z tuňáka slijte.
c) Tuňáka vhoďte do mixovací nádoby a rozbijte ho vařečkou, abyste vytvořili velké kusy.
d) Jablko oloupeme a zbavíme jádřinců, nastrouháme na hrubém struhadle a přidáme do mísy.
e) Cibuli nakrájíme nadrobno a přidáme do mísy.
f) Přidejte zbývající ingredience a jemně promíchejte, dávejte pozor, abyste je nerozmačkali.
g) Necháme 10-15 minut odležet v lednici.
h) Podáváme s čerstvým pečivem nebo na listu salátu.

82. Těstovinový Salát S Grilovaným Tuňákem A Rajčaty

SLOŽENÍ:
- 8 švestkových rajčat, celkem asi 1 1/4 lb., podélně rozpůlených
- 2 tb. plus 1/2 šálku olivového oleje
- Sůl a čerstvě mletý pepř, podle chuti
- 1 lb. těstovinové skořápky
- 2 lb. filety z tuňáka, každý o tloušťce asi 3/4 palce
- 1 šálek volně balených lístků čerstvé bazalky
- 3 tb. ocet z červeného vína
- 1 lb čerstvého sýra mozzarella, nakrájeného na jemné kostičky
- 1/4 šálku nasekané čerstvé ploché listové petrželky

INSTRUKCE:
a) Předehřejte troubu na 450 °F. Připravte si horký oheň na grilu.
b) Rajčata položte na plech a promíchejte s 1 PL. olivového oleje. Rozložte je řezem nahoru na plech a dochuťte solí. Pečte do měkka, asi 20 minut. Necháme vychladnout a pak příčně rozpůlíme.
c) Mezitím přiveďte k varu velký hrnec plný osolené vody do tří čtvrtin na silném ohni. Přidejte těstoviny a vařte do al dente (křehké, ale pevné na skus), asi 10 minut. Sceďte, propláchněte pod tekoucí studenou vodou a znovu sceďte. Dát stranou.
d) Obě strany filetů tuňáka potřeme 1 PL. oleje. Dobře dochutíme solí a pepřem. Umístěte na grilovací rošt 4 až 6 palců nad ohněm a grilujte, dokud lehce nezhnědne, asi 3 minuty. Otočte a vařte další 3 až 4 minuty na střední stupeň, nebo dokud nebude hotové podle vašich představ. Přeneste na prkénko, nechte vychladnout a nakrájejte na 3/4-palcové kostky.
e) V kuchyňském robotu nebo mixéru smíchejte lístky bazalky a zbývající 1/2 šálku oleje. Pulsujte nebo mixujte, dokud se nerozseká na hrubé pyré. Přidejte ocet a dochuťte solí a pepřem. Pulsujte nebo mixujte, dokud se nespojí.
f) Ve velké míse smíchejte těstoviny, rajčata a případné nahromaděné šťávy, tuňáka, mozzarellu, petrželku a bazalkový dresink.
g) Jemně promícháme a podáváme. Slouží 8.

83. Penne Salát Se Třemi Bylinkami, Kapary A Tuňákem

SLOŽENÍ:
- Tuňák o objemu 6 uncí v olivovém oleji, scezený
- 1-1/2 lžičky soli
- 1/2 libry těstovin penne
- 2 lžíce čerstvé citronové šťávy
- 2 lžíce extra panenského olivového oleje
- 1/2 lžičky čerstvě mletého pepře
- 1/4 šálku nasekané čerstvé ploché listové petrželky
- 1/4 šálku nasekané čerstvé bazalky
- 1/4 šálku nasekaného čerstvého koriandru
- 2 lžičky kapar, propláchnutých a okapaných

INSTRUKCE:
a) Tuňáka dejte do malé misky, vidličkou nalámejte na vločky a dejte stranou.
b) Zahřejte velký hrnec naplněný vodou k varu.
c) Přidejte penne a 1 lžičku soli a vařte do al dente, asi 12 minut. Sceďte a přeneste do velké servírovací mísy.
d) Přidejte citronovou šťávu, olivový olej, zbývající sůl a pepř a poté promíchejte.
e) Přidejte tuňáka, petržel, bazalku, koriandr a kapary a poté jemně promíchejte.
f) Ochutnejte a upravte koření, poté přikryjte a dejte chladit do chladničky asi na 1 hodinu.
g) Podávejte při pokojové teplotě.

84.Salát z fazolí, hnědé rýže a tuňáka

SLOŽENÍ:
- 1 plechovka červených fazolí
- 1 cannellini fazole
- 1 plechovka dobrého tuňáka baleného ve vodě
- 1 1/2 šálku uvařené hnědé rýže al dente, vychlazené
- Šťáva z poloviny velkého citronu
- 2 lžíce nasekané čerstvé bazalky
- Sůl a pepř na dochucení

INSTRUKCE:
a) Sceďte a propláchněte fazole, smíchejte s okapaným tuňákem ve střední misce.
b) Přidejte uvařenou rýži.
c) V malé misce rozšlehejte citronovou šťávu, bazalku, sůl a pepř.
d) Pokapejte a promíchejte, abyste obalili – fazole nedrťte!
e) A máte hotovo, příteli.

85. Bramborový Salát S Tuňákem

SLOŽENÍ:

- 5-6 brambor
- 1 plechovka tuňáka
- 1 hrnek majonézy
- 1 lžíce olivového oleje
- 2 lžíce najemno nakrájené jarní cibulky a petrželky
- Citronová šťáva (volitelně)
- Sůl a černý pepř podle chuti

INSTRUKCE:

a) Brambory opláchneme a uvaříme ve vodě a soli.
b) Uvařené brambory oloupeme a nakrájíme na malé kousky.
c) Brambory dejte do mísy a přidejte předem scezeného tuňáka.
d) Přidejte majonézu, olej, cibuli, petržel, citronovou šťávu, sůl a pepř podle chuti.
e) Všechny ingredience dobře promíchejte, misku zakryjte plastovou fólií a uchovávejte v lednici až do podávání.

86.Staromódní tuňákový salát

SLOŽENÍ:
- 1 12-oz plechovka na kousky lehkého tuňáka; vychlazené, dobře okapané
- 1/4 šálku jemně nakrájeného celeru
- 2 lžíce jemně nasekané jarní cibulky
- 1 lžíce nadrobno nakrájené cibule
- 2 lžíce najemno nakrájeného chleba a másla
- 1 lžíce najemno nakrájených sladkých okurek
- 1 najemno nakrájené vejce uvařené natvrdo
- 3 lžíce majonézy
- 1/3 lžičky hrubě mleté hořčice
- 1 lžíce šťávy z nálevu z chleba a másla
- 1 lžička čerstvé citronové šťávy
- 1/4 lžičky celerové soli
- 1/8 lžičky čerstvě mletého černého pepře
- 1/8 lžičky sušených lístků tymiánu

INSTRUKCE:
a) Důkladně sceďte a nastrouhejte všechny kousky tuňáka.
b) Nakrájejte a kombinujte celer, jarní cibuli, okurky s chlebem a máslem a sladké okurky, dokud se dobře nepromíchají.
c) Zeleninovou směs smíchejte s tuňákem ve vločkách.
d) Přidejte na kostičky nakrájené vejce uvařené natvrdo a směs promíchejte, dokud se všechny přísady rovnoměrně nerozloží.
e) Smíchejte všechny zbývající ingredience na zálivku v misce. Ochutnejte a upravte koření.
f) Jemně vmíchejte dresink do tuňáka, dokud nebude salát dobře promíchaný a homogenní.
g) Pečlivě zakryté chlaďte, dokud nebudete připraveni k použití do salátů nebo sendvičů.

87.Rýžový salát s artyčoky, hráškem a tuňákem

SLOŽENÍ:
- 1 šálek rýže DeLallo Arborio
- 1 plechovka (5,6 unce) Dovezený italský tuňák balený v olivovém oleji, olej si rezervujte
- 1 (12uncová) sklenice DeLallo Marinovaná artyčoková srdce, nakrájená na čtvrtiny (tekutinu si ponechte)
- 6 uncí zmrazeného zeleného hrášku, rozmraženého
- Kůra z 1 citronu
- 2 lžíce nasekané bazalky
- Sůl a pepř

INSTRUKCE:
a) Přiveďte k varu velký hrnec osolené vody a poté přidejte rizoto. Míchejte a vařte rýži na al dente texturu, asi 12 minut.
b) Rýži sceďte v cedníku a propláchněte studenou vodou, abyste odstranili přebytečný škrob. Dobře sceďte a nechte vychladnout.
c) Po vychladnutí vložte rizoto do velké mixovací nádoby. Vmíchejte tuňáka, artyčoky a hrášek. Nezapomeňte přidat olej z tuňáka a marinádu z artyčoků, abyste vytvořili dresink.
d) Vmícháme citronovou kůru a čerstvou bazalku. Sůl a pepř na dochucení.
e) Podávejte vychlazené.

88. Sladký N ořechový salát s tuňákem

SLOŽENÍ:
- 2 lžíce nasekaných pekanových ořechů, vlašských ořechů nebo mandlí
- 10 červených hroznů bez pecek, rozčtvrcených
- 2 lžíce nakrájené červené cibule
- 1 plechovka tuňáka
- 1/2 šálku Miracle Whip nebo majonézy

INSTRUKCE:
a) Smíchejte všechny ingredience a užívejte si!

89.Mac salát s tuňákem

SLOŽENÍ:

- 7 oz loket mac, vařený, scezený
- 1/2 šálku nakrájeného celeru
- 1/4 šálku nakrájené cibule
- 1/4 šálku nasekané zelené papriky
- 1-1/2 šálku mraženého mixovaného hrášku a mrkve, rozmražené
- 1 lžíce šťávy z koprových okurků
- 1-1/2 lžičky soli
- 1-6-1/2 oz konzerva tuňáka, okapaná a ve vločkách
- 3/4 šálku salátového dresinku ve stylu sendviče

INSTRUKCE:
a) V míse promícháme dresink, poté přidáme zbytek a promícháme.

90.Tangy N Tart tuňákový salát

SLOŽENÍ:
- 3 unce tuňáka baleného ve vodě, okapaného
- 1 lžíce sušených slazených brusinek
- 1/4 celerového žebra, jemně nakrájeného
- 2 lžíce zázračného biče bez tuku
- 1/2 lžičky černého pepře
- 1 lžička připravené hořčice

INSTRUKCE:
a) Smíchejte všechny ingredience v misce a míchejte, dokud se důkladně nespojí.
b) Podávejte přes těstoviny, v pitas, na salátu nebo v wrapech!

91. Nízkotučný italský salát s tuňákem

SLOŽENÍ:
- 1 plechovka 5 oz kousky lehkého tuňáka, okapané
- 1 lžíce balzamikového octa (upravte podle chuti)
- 1 lžička čerstvé citronové šťávy
- 1 lžička citronové kůry
- 1 lžíce kapary
- Sůl a pepř na dochucení
- 1 hrnek hlávkového salátu, nakrájeného na menší kousky
- 1/2 středního rajčete, nakrájeného na polovinu a nakrájeného na plátky
- 1/2 střední okurky, oloupané a nakrájené a znovu nakrájené na poloviny

INSTRUKCE:
a) Smíchejte tuňáka a dalších pět ingrediencí.
b) Na hlávkový salát, rajčata a okurky přidejte salát s tuňákem.
c) Lehce promíchejte všechny ingredience a podávejte.

92.Tuňákový špenátový salát

SLOŽENÍ:
- 1 plechovka bílého tuňáka
- 1 sáček čerstvých špenátových listů
- 1 plechovka sladké kukuřice
- Bílý sýr (lze nahradit čedarem)
- 2 čerstvá rajčata (nebo tác cherry rajčat)
- Olivový olej
- Ocet
- Sůl pepř

INSTRUKCE:
a) Špenátové listy omyjeme a dáme do velké mísy.
b) Přidejte tuňáka, sladkou kukuřici (tekutina byla odstraněna).
c) Přidejte sýr nakrájený na kostičky a rajčata nakrájená na čtvrtky (pokud cherry rajčata, nakrájejte je na půlky).
d) Přidejte sůl, ocet a olivový olej (nezbytně v tomto pořadí).
e) Pokud chcete, přidejte pepř.
f) Můžete přidat i rozinky a avokádo, velmi středomořské.

93.Těstovinový salát s tuňákem a pepřem

SLOŽENÍ:
- 2 lžíce odtučněného bílého jogurtu
- 2 lžíce nasekané čerstvé bazalky
- 2 lžíce vody
- 1 1/2 lžičky citronové šťávy
- 1 stroužek česneku, nasekaný
- Čerstvě mletý pepř (podle chuti)
- 2/3 šálku pečené červené papriky, nakrájené a rozdělené
- 1/2 šálku jemně nakrájené červené cibule
- 4 oz kousky lehkého tuňáka ve vodě, okapané
- 4 oz růžičky brokolice, dušené až do křupavé křehké a šokované
- 6 uncí celozrnného penne, vařené a scezené

INSTRUKCE:

a) Smíchejte jogurt, bazalku, vodu, citronovou šťávu, česnek, sůl, pepř a zbývající 1/3 šálku červené papriky v mixéru a rozmixujte dohladka.
b) Ve velké míse smíchejte zbývající papriky, cibuli, tuňáka, brokolici a těstoviny.
c) Přidejte pepřovou omáčku a dobře promíchejte. Před podáváním vychlaďte.

94. Tuňákový jablečný salát

SLOŽENÍ:
- Tuňák ve vodě o objemu 6 uncí, dobře odkapaný
- 1 střední jablko Granny Smith, zbavené jádřinců, oloupané a nakrájené na velmi malé kousky
- 1/4 šálku nálevu z kopru
- 1/8 lžičky soli
- 8 uncí bílého jogurtu

INSTRUKCE:
a) Smíchejte všechny ingredience a poté nechte 2 hodiny chladit.
b) Podávejte přes zeleninu.

95.Tuňák Avokádo A 4 Fazolové Těstovinový Salát

SLOŽENÍ:
- 400 g tuňáka z konzervy, okapaného
- 300g plechovka 4 fazolová směs, okapaná
- 1 střední rajče, nakrájené
- 1 avokádo zbavené semínek, oloupané a nakrájené na kostičky
- 100 g těstovin, nevařených
- 1 malá červená cibule, nakrájená nadrobno (volitelně)

INSTRUKCE:
a) V hrnci uvařte těstoviny podle návodu na obalu, dokud nebudou měkké. Těstoviny sceďte a dejte stranou.
b) Mezitím si připravte všechnu zeleninu, poté ve velké salátové míse všechny ingredience důkladně promíchejte a přidejte těstoviny. Promíchejte.
c) Salát podle chuti osolte, opepřete a co nejdříve podávejte.

96. Salát s tuňákem Orzo

SLOŽENÍ:
- 3 hrnky kuřecího vývaru
- 1 šálek orzo
- 1/4 šálku červeného vinného octa
- Sůl a pepř na dochucení
- 2 (6 uncí) plechovky tuňáka naloženého v olivovém oleji, scezeného a rezervovaného oleje
- 1 (15 oz) plechovka cizrny, okapaná
- 1 šálek hroznových rajčat, nakrájených na polovinu
- 1 žlutá nebo červená paprika, nakrájená na kostičky
- Půlka červené cibule, nakrájená nadrobno
- 1/2 šálku čerstvé bazalky, nasekané
- 1/2 šálku rozdrobeného sýra feta

INSTRUKCE:
a) V hrnci přiveďte k varu kuřecí vývar a přidejte orzo. Vařte do al dente, poté sceďte a nechte mírně vychladnout.
b) Ve velké míse dochuťte červený vinný ocet se solí a pepřem. Míchejte, dokud se sůl nerozpustí.
c) Z tuňáka zašleháme odložený olej, přidáme uvařené orzo a promícháme.
d) Do orzo směsi přidejte cizrnu, hroznová rajčata, papriku, červenou cibuli a bazalku.
e) Tuňáka nalámejte a přidejte spolu s nadrobenou fetou do salátu. Jemně promíchejte, aby se spojily.
f) Podávejte salát s tuňákem nebo orzo a zvažte přidání lehkého kápnutí balzamikovým octem.

97. Tuňák Rajčatový A Avokádový Salát

SLOŽENÍ:
- 2 (6 uncí) plechovky tuňáka
- 1 rajče, zbavené semínek a nakrájené na kostičky
- 2 avokáda, 1 nakrájená na kostičky, 1 pyré
- 1 stroužek česneku
- 1 lžíce bílého vinného octa
- Špetka kajenského pepře
- Špetka soli
- Špetka černého pepře

INSTRUKCE:
a) Jedno avokádo rozmixujte na pyré s česnekem, octem, kajenským pepřem, solí a černým pepřem.
b) Tuňáka sceďte a promíchejte s protlakem, nakrájeným rajčatem a druhým nakrájeným avokádem.

98. Tuňákový waldorfský salát s jablkem

SLOŽENÍ:
- 1 plechovka (5 uncí) bílého tuňáka ve vodě
- 1/4 velké hrušky (nebo jablka)
- 1/4 šálku (1 oz) nasekaných vlašských ořechů, syrových (pokud dáváte přednost opečeným)
- 1/4 šálku červené cibule, nakrájené na kostičky
- 2 lžíce nízkotučné majonézy
- 1 lžíce citronové šťávy
- 2 listy salátu k podávání

INSTRUKCE:
a) Sceďte tuňáka.
b) Nakrájejte cibuli, hrušku (nebo jablko) a vlašské ořechy.
c) Smíchejte majonézu a citronovou šťávu.
d) Smíchejte všechny ingredience v míse a dobře promíchejte.
e) Salát před podáváním vychlaďte a podávejte na listu salátu.

99.Salát z Tuňáka A Cizrny S Pesto

SLOŽENÍ:
- 2 plechovky (15,5 oz každá) cizrny, nahrubo nasekané
- 1 sklenice (12 oz) pečené červené papriky, okapané a nakrájené na tenké plátky
- 24 černých oliv, vypeckovaných a nahrubo nasekaných
- 2 stonky celeru, nakrájené na silné plátky
- 3 konzervy (6 oz každá) tuňáka, okapané
- 5 lžic pesta z obchodu
- 1/2 lžičky košer soli
- 1/4 lžičky černého pepře

INSTRUKCE:
a) Ve velké míse smíchejte cizrnu, červenou papriku, olivy, celer, tuňák, pesto, sůl a černý pepř.
b) Smíchejte ingredience dohromady. A je to!

100.Ziti tuňákový salát

SLOŽENÍ:

- 3/4 lb ziti nebo jiných těstovin
- 1 konzerva tuňáka, okapaná a rozmačkaná
- Zelené a černé olivy podle chuti
- 1 červená paprika, nakrájená
- 4 lžíce olivového oleje
- 1 lžíce bílého octa
- 2 vejce natvrdo, nakrájená na čtvrtky
- 1 velké rajče, nakrájené na plátky

INSTRUKCE:

a) Těstoviny uvaříme, scedíme a vychladíme.
b) Smíchejte tuňáka, olivy a červenou papriku.
c) Vmícháme těstoviny a přidáme olej a ocet.
d) Dejte na talíř s vejci a rajčaty.

ZÁVĚR

Doufáme, že na konci naší ochucené cesty „NEJLEPŠÍ TUŇÁKOVÉ SALÁTY" jste zažili radost z přeměny jednoduchého jídla na kulinářské mistrovské dílo. Každý recept na těchto stránkách je oslavou všestrannosti, kreativity a lahodnosti, které lze dosáhnout s vysoce kvalitním tuňákem a nádechem kulinářské fantazie.

Ať už jste ochutnali výtvory inspirované Středozemním mořem, oddali se chutím Dálného východu nebo přijali vydatné a proteinové variace, věříme, že těchto 100 receptů vám otevřelo oči do světa možností v říši tuňákového salátu. . Kéž se koncept nadýchaných tuňákových salátů stane kromě ingrediencí a technik zdrojem inspirace a udělá z vaší kuchyně centrum vynalézavých a lahodných výtvorů.

Když budete pokračovat v prozkoumávání rozmanitého světa tuňákových salátů, může být „NEJLEPŠÍ TUŇÁKOVÉ SALÁTY" vaším důvěryhodným společníkem, který vás provede řadou výjimečných možností, které přinesou vzrušení a chuť na váš stůl. Zde je potřeba předefinovat umění tuňákového salátu a užít si 100 výjimečných výtvorů, které pozvednou vaše chutě a kulinářské zážitky!